KB089434

ㄹ ㄹ이는 사람은
알기 쉽게 말한다

ATAMA NO II SETSUMEI WA KATA DE KIMARU
Copyright © 2018 Masashi INUTSUKA
Interior illustrations by Minoru SAITO
First published in Japan in 2018 by PHP Institute, Inc.
Korean translation copyright © 2019 by HYUNDAEJISUNG, Inc.
Korean translation rights arranged with PHP Institute, Inc. Japan.
through BC Agency

이 책의 한국어판 저작권은 BC에이전시를 통해 저작권자와 독점계약을 맺은 ㈜현대지성에게 있습니다.
저작권법에 의해 한국 내에서 보호를 받는 저작물이므로 무단전재와 복제를 금합니다.

\ 쉽고 정확하게 설명하는 7가지 법칙 /

일 잘하는 사람은 알기 쉽게 말한다

이누쓰카 마사시 지음 | 장은주 옮김

현대
지성

전달되지 않으면 의미 없다

독은 크게 독극물과 독약 두 종류로 나뉘는데….
몸에 좋은 독이 있다는 사실을 알고 있는가?

당신은 둘 중 어느 쪽 문장에 더 흥미가 솟는가? 왠지 두 번째 문장이 더 흥미진진하고 다음 이야기가 궁금해지지 않는가? 나는 10여 년간 일본 최고의 입시학원으로 정평난 순다이입시학원의 강사로 있었고, 지금은 비즈니스맨을 대상으로 하는 세미나 강사로 활동하면서 어떻게 하면 상대방에게 쉽고 정확하게 설명할 수 있을지 끊임없이 고민해 온 사람이다.

하지만 입시학원에서 아르바이트를 했던 대학생 시절에는 어려운 내용을 더 어렵게 설명하는 꽉 막힌 강사였다. 당시 내 강의가 속칭 '에프엠'으로 불린 것을 보면 재미라곤 조금도 없었던 것 같다. 수업을 받던 학생들의 모의고사 성적마저 신통치 않아 대학 합격률도 저조했다.

한편으로는 도통 이해가 가지 않아 머릿속이 복잡했다.

'나는 열심히 설명하는데 왜 학생들은 이렇게 간단한 것도 이해하지 못할까?'

당시 사귀던 여자 친구와는 이런 사건도 있었다. 크리스마스 선물을 사려고 액세서리 매장에 갔을 때였다. 그 매장의 브랜드명은 '4℃'였는데, 나는 여자 친구가 묻지도 않은 화학 지식을 떠벌렸다.

"4℃라는 브랜드명은 말이야, H_2O의 밀도가 최대치일 때의 온도야. 추운 겨울에 얼음이 얼어도 그 아래 수온은 항상 4℃를 유지하거든…."

문과 출신이었던 그녀는 당연히 어이없다는 반응이었다. 한술 더 떠서 나는 다이아몬드 목걸이를 갖고 싶어 하는 그녀에게 다시 지식을 떠벌렸다.

"연필심 같은 탄소 덩어리에 그런 돈을 쓰고 싶어? 다이아몬드는 연필심의 주성분인 흑연과 동소체 관계로…."

결국 그녀는 폭발했다.

"네가 무슨 소리를 하는지 하나도 모르겠어. 난 그런 데 전혀 흥미 없다고!"

당신이 지식과 기술을 아무리 열심히 익히고 갈고닦았더라도 상대방이 이해하지 못한다면 그것은 없는 것이나 다름없다.

상대방이 흥미를 느끼지 못하거나 득 될 게 없다고 여기는 이야기는 아무리 열변을 토해도 좀처럼 전해지지 않는다. 전해지지 않는다면 상대방에게 어떤 도움도 되지 못한다.

그 당연한 사실을 당시의 나는 전혀 몰랐다. 씁쓸하게도 실연이라는 대가를 치르고서야 뼈저리게 깨달았다.

설명력은 누구에게나 필요하다

'이대로 직장을 잃는 건 아닐까?'

　사회에 막 발을 내디딘 어느 날의 일이었다. 나는 그때까지도 수업에 자신이 없던 터라 그날 역시 강사실에 맥없이 앉아 있었다. 다양한 시행착오를 겪으면서도 학생들에게 이렇다 할 반응을 얻지 못해 앞으로 어떻게 강의를 이끌어 가야 할지 무척 심경이 복잡했다.

　그때 한 학생이 불쑥 찾아와 말을 건넸다.

　"오늘 선생님 강의는 평소와 달리 정말 이해하기 쉬웠어요. 제가 잘 모르는 부분을 콕콕 짚어 가르쳐 주셨어요. 가려운 곳을 제대로 긁어 준 느낌이에요. 고맙습니다."

　충격이었다. 그날 수업은 학생들에게 무시당해도 좋다는 생각으로 전문용어는 최대한 배제하고 초등학생도 알아들을 만큼 쉽게 이야기했다. 조금 어려운 내용은 구체적인 예나 비유를 들어 가능한 한 쉽게 풀어 설명했다.

　내 입장에서는 '이렇게까지 수준을 낮춰 설명해도 괜찮을까?' 싶을 정도였지만, 학생들은 달랐던 모양이다.

　'어렵게 설명하면 상대방에게 전해지지 않는구나.'

그날 이후로 나는 어려운 내용을 어떻게 설명해야 학생들이 쉽게 받아들일지 진지하게 고민했다. 그때까지의 고정관념을 전부 버리고 상대방이 정말 알기 쉬운 설명이란 어떤 것인지 날마다 머리를 싸매고 거듭 궁리했다.

알기 쉽게 설명하려면 '내가 어떻게 설명할지가 아니라 학생들이 어떻게 받아들일지'부터 생각해야 한다. 그날 나를 찾아온 학생의 말 한마디에 나는 '설명'에서 무엇이 가장 중요한지를 깨달았다.

쉽고 정확하면 설명하려면 약간의 요령이 필요하다.

이것은 나처럼 입시학원에서 고등학교 화학을 가르쳤던 사람뿐 아니라 낚시, 장기, 바둑, 스포츠 등 자신의 취미활동을 누군가에게 열정적으로 전하고 싶은 사람에게도 유용하다.

우리는 개인이 정보를 쉽게 전할 수 있는 SNS 사회에 살고 있다. 유튜브나 블로그 등의 매체로 전문분야에 관한 지식과 정보를 비전문분야에 있는 사람에게 전할 기회가 압도적으로 많아졌다. 그런 만큼 새로운 시대의 흐름에 발맞추려면 자신의 전문분야 이외의 사람에게도 지식과 정보를 알기 쉽게 전할 수 있어야 한다.

사람은 누구나 취미나 관심사를 갖고 있다. 당신이 애착을 갖는 전문분야의 지식과 정보를 다른 사람에게 알기 쉽게 설명할 수 있다면 설레지 않을까. 그렇게 된다면 당신에게 공감하는 사람이 늘어나고 그만큼 세상이 훨씬 즐거워질 것이다.

당신과 상대방이 생각하는 '어려움'의 온도 차이

당신의 취미나 관심사를 그 분야를 잘 모르는 사람에게 알기 쉽게 설명할 수 있다면? 그것만으로도 분명 당신의 희소성은 높아질 것이다.

이 말은 즉, 당신이 가진 정보의 가치가 올라간다는 뜻이다. 정보는 머릿속에 담아두는 것만으로는 가치 있지 않다. 사용할 때 비로소 가치를 발한다.

교육계도 마찬가지다. 전문성 높은 학술 지식을 소유한 것만으로는 불충분하다. 상대방을 이해시킬 때 비로소 그 지식이 제값을 할 수 있다. 연구 분야에서도 동일하다. 연구직은 학회에서 논문을 발표할 일이 꽤 많다. 하지만 비전문분야의 사람을 이해시키지 못한다면 아무리 훌륭한 연구라도 전해지지 않을 것이다.

이때 필요한 기술이 '어려운 것'을 '알기 쉽게' 전하는 능력이다. 여기서 말하는 '어려운 것'이란 흔히 세상에서 말하는 고독한 학문만을 뜻하지 않는다. 좋아하는 애니메이션이나 드라마, 스포츠를 포함해 당신이 잘 아는 분야도 누군가에게는 '어려운 것'이 될 수 있다.

'어, 내가 좋아하는 밴드네. 저 연주 그렇게 어렵지 않은데….'

'내가 취미로 하는 암벽 등반의 묘미는 해 보면 바로 알 수 있어.'

어쩌면 당신은 이렇게 말할지도 모르겠다. 하지만 이미 그 분야에 통달한 당신에게는 쉬워 보여도 다른 사람에게는 미지의 세계와 같다.

'어렵다', '쉽다'라는 형용사는 꽤나 주관적인 표현이다. 이 책에서 말하는 '어려운 것'이란, 당신이 아니라 상대방이 고난도로 느끼는 무엇임을 분명히 알자. 즉, 당신과 상대방과의 지식 및 이해도에 격차가 있을 때 그 격차를 상대방은 어려워한다고 말할 수 있다.

그림으로 표현하면 다음과 같다. 당신(말하는 쪽)과 상대방(듣는 쪽)의 지식이나 이해도의 격차가 클수록 당신이 설명하는 내용을 상대방은 어려워할 가능성이 크다.

오직 당신만이 전할 수 있는 지식과 스킬이 있다

정보가 넘쳐나는 요즘 세상에 당신이 아는 지식과 정보를
상대방에게 쉽고 정확하게 전할 수 있다면, 그것만으로 엄
청난 가치를 얻을 수 있다.

아래 그림을 살펴보자.

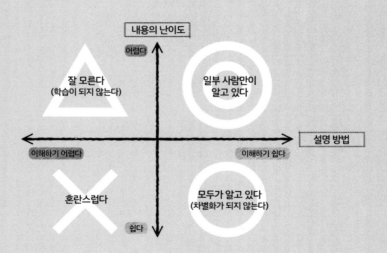

이 그림은 내가 만든 '설명가치 매트릭스'다.

그림의 오른쪽 위를 보자. 사실 정보화사회에서 가장 가치 있는 설명이란, 상대방이 어려워하는 내용을 알기 쉽게 전하는 것이다. 그것에서 정보의 희소성이 생겨난다.

상대방이 이미 알고 있는 내용을 알기 쉽게 전하는 것만으로는 큰 차별성이 없다. 또 어려운 내용을 어렵게 전하면 상대방의 혼란만 더할 뿐 가치는 줄어든다. 고난도의 내용을 상대방이 이해할 수 있는 수준으로 낮춰 설명하는 것이 가장 가치 높은 설명이다.

가끔 인터넷 사이트를 보다가 이런 생각이 든 적이 있을 것이다.

'이 사람 정말 제대로 알고 쓴 걸까?'

당신의 취미가 아로마 테라피라고 해 보자. 관련 사이트 상위 페이지를 보며 '나라면 더 자세하고 쉽게 설명할 텐데' 하고 안타까워한 적은 없는가?

그 말은 즉 당신만이 전할 수 있는 정보(지식이나 기술)가 있다는 증거다. 당신만의 정보를 상대방에게 알기 쉽게 전할 수 있다면 큰 가치를 얻을 수 있다.

내가 명문대생을 수없이 배출할 수 있었던 이유

최근에 일 관계로 비즈니스맨이나 경영자를 만날 기회가 많아졌다. 내가 입시학원 강사 출신이라고 말하면 "옛날부터 공부를 좋아하고 머리도 좋았군요"라는 답변이 돌아온다. 그렇지 않다고 하면 대부분 겸손의 말이라는 반응을 보인다.

그때마다 나는 반드시 "정말입니다. 전 고3 1학기에만 해도 내신 6등급이었습니다"라고 털어놓는다. 사실이기 때문이다.

그러면 상대방 역시 놀랍고 의아하다는 표정을 짓는다.

입시학원 강사는 설명을 잘한다는 이미지가 있어 원래부터 공부를 잘했으리라 생각하는 경향이 있다. 하지만 나는 공부를 힘들어했고 주위 친구들과 비교해도 이해가 더딘 편이었다. 그랬기 때문에 나는 완전히 이해할 때까지의 과정을 꼼꼼히 세분화해 유심히 바라볼 수 있었다.

이런 습관 덕분에 내가 확실히 아는 것을 전혀 알지 못하는 사람에게 설명할 때 어떻게 하면 좋을지 생각하는 기회를 다른 사람보다 많이 경험했다. 그리고 이런 경험을 밑

바탕 삼아 쉽고 정확하게 설명하는 법을 누구나 익힐 수 있는 기술로 정리해 보고 싶다는 생각을 할 수 있었다. 이해가 더딘 편이었기 때문에 오히려 '나만이 습득할 수 있는 설명 기술'이 있다는 것을 깨달은 것이다.

내 강의를 듣는 학생 중에는 공부를 잘하는 학생도 있었고 전혀 못하는 학생도 있었다. 개개인의 학력 차이가 크고 잘하는 과목과 못하는 과목도 각각 달랐다. 학생 저마다의 능력에 상당한 차이가 났기 때문에 오히려 나는 '어떤 학생도 잘 이해할 수 있는 설명 스킬'을 닦을 수 있었다. 결과적으로 지금까지 도쿄대학교에 500명 이상, 의대에 2,000명 이상을 합격시켰다. 또 중위권 학생이 도쿄대학교에 합격하거나 문과 학생이 의대에 합격하는 등 큰 성과를 올릴 수 있었다.

물론 이 성과는 학생들이 노력한 끝에 얻은 선물이다. 그래도 강의 시간에 그들에게 해 준 쉽고 정확한 설명이 어느 정도 도움이 되지 않았을까 생각한다.

덕분에 나는 일본 입시학원계에서 화학 강사로서 최고의 자리에 올랐고, 2017년에 오래 근무했던 순다이입시학원에서 퇴직했다. 그 시절에 갈고닦은 기술을 더 많은 사람에게 전하고자 지금은 비즈니스맨과 경영자를 대상으로 앞으로의 시대에 필요한 밸류 크리에이션(가치 창조) 기술과 퍼스널 브랜딩의 노하우를 가르치고 있다.

2017년부터는 나의 노하우와 기술에 사회적 의의를 부여하고자 도쿄대학교 대학원에서 '학습과학'을 바탕으로 한 연구도 시작했다.

학습과학이란, 쉽게 말하면 상대방을 확실히 이해시키기 위해 매일 반복하는 수업 중 특히 효과가 있었던 것을 분석하는 학문으로, 학습자를 깊이 이해시키는 것이 큰 목적이다(그 밑바탕에는 인지과학이 있다). 학습과학은 실험실에서 통제하는 실험을 바탕으로 하지 않고, 현장에서 직접 가르치면서 정말 학습에 도움이 되었던 것을 추출하는 것을 목적으로 한다.

이런 학습과학의 경향과 나의 사고방식은 일치했다. 그런 이유로 나는 입시학원이라는 실천적 교육현장에서 익힌 기술과 노하우를 더 갈고닦아 많은 분이 모든 분야에서 그 능력을 살리기 바라는 마음에서 이 길을 택했다.

이 책은 학습과학의 지식도 끼워 넣으면서 당신의 정보 (지식이나 기술)를 그 정보를 이해하지 못하는 상대방에게 설명하기 위한 기술과 노하우를 누구나 활용할 수 있는 형태로 만들어 아낌없이 전하고 있다. 이 설명법이 당신과 당신 앞에 있는 사람 사이에 '이해의 가교'가 된다면 저자로서 더할 나위 없는 기쁨일 것이다.

그럼 이제 본론으로 들어가자.

목차

열심히 말했는데
왜 안 통할까?

제2장 Interest 흥미를 끈다

제3강 Knowledge 상대방의 수준을 파악한다

제4강 **Purpose**
목적을 제시한다

제5강 **Outline**
큰 틀을 제시한다

제8강 Transfer
전이한다

제9강 일 잘하는 사람들의
궁극의 테크닉

제 1 강

IKPOLET

열심히 말했는데
왜 안 통할까?

학력이 좋다고 설명을 잘하는 건 아니다

중고생 시절에 뉴스를 볼 때면 '학자들은 머리도 좋은데 왜 저렇게 어렵게 설명할까?' 하고 생각했다. 그런데 막상 내가 입시학원에서 강사가 되어 가르치는 입장이 되어 보니 나도 다를 바 없었다. 창피한 이야기이지만 내 수업을 듣는 학생들은 금세 지루해하거나 졸기도 했다.

일을 하면서 가장 힘들었던 때는 학생들이 도중에 강의를 접어 버릴 때였다. 이를 업계용어로 '잘린다'고 표현한다. 학생에게 '저 선생의 강의를 들어 봤자 시간 낭비'라는 생각을 들게 한 것이다.

나는 설령 본인의 지식수준이나 이해도가 일정 수준에 올랐다 하더라도, 그것만으로는 상대방을 이해시킬 수 없다는 사실을 통감했다. 상대방을 확실히 이해시킬 수 있는 설명은 학력과는 별개였다.

한 입시학원의 베테랑 강사에게 이런 이야기를 들은 적 있다.

"내 지식이나 이해 수준이 낮았을 때 학생들을 더 잘 이해했던 것 같아요. 나이가 들면서 지식이나 이해 수준이

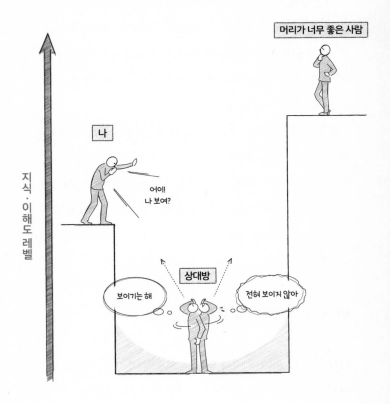

높아지니 오히려 학생들이 무엇을 모르는지 더 알 수 없겠더군요."

나는 그분의 학력 수준에는 이르지 못했지만, 마흔을 눈앞에 두고서야 그 말이 무슨 뜻인지 이해할 수 있었다. 요컨대 자신의 지식이나 이해도가 높을수록 상대방의 수준에서 멀어지기 때문에 갈수록 상대방을 이해시키기 힘들다는 뜻이다.

분명 개인의 지식이나 이해도가 높아지는 것은 결코 나쁜 일이 아니며 오히려 권장할 일일 테다. 다만 중요한 것은 거기에서 생긴 이해의 격차를 어떻게 메워 가느냐다.

그 격차를 메우는 방법이 이 책에서 말하는 '쉽고 정확하게 설명하는 7가지 법칙'이다.

쏙쏙 이해되는 특급 말기술

나와 상대방 사이에 지식 또는 이해도의 차이가 생겼을 때, 설명으로 그 차이를 좁히려면 어떤 조건이 필요할까?

단 한 가지, '이해의 계단'이다. 설명하는 사람은 반드시

'이해의 계단'을 만들어야 한다.

일본 속담 중에 "바람이 불면 통장수가 돈을 번다"는 말이 있는데, 두 가지 일 사이의 원인과 결과를 찾을 때 비유하는 말로 자주 쓰인다.

이 속담을 처음 듣는 사람은 '바람이 부는데 왜 통장수가 돈을 벌까?'라고 생각하기 쉽다. '바람이 부는 것'과 '통장수가 돈을 버는 것' 사이에 어떤 연결고리도 보이지 않기 때문이다. 이때는 다음과 같이 설명하면 어떨까.

설명 예

위 속담을 7단계로 확장하면 그 연결고리가 보일 것이다.

1단계 바람이 불면 흙먼지가 인다.

2단계 흙먼지가 눈에 들어와 눈병에 걸리고, 맹인이 늘어난다.

3단계 맹인이 된 사람들이 샤미센을 산다(당시 맹인은 일본의 전통 현악기인 샤미센 연주로 생계를 유지했다).

4단계 샤미센에 필요한 고양이 가죽을 구하려고 고양이를 포획한다.

5단계 고양이가 줄면서 쥐가 늘어난다.

6단계 쥐가 통을 갉아 먹는다.

7단계 통이 자주 망가지고, 통 수요가 늘어나면서 통장수가 돈을 번다.

이처럼 '바람이 부는 것'과 '통장수가 돈을 버는 것' 사이를 몇 단계로 풀어내면 그 연결고리가 보인다. 이런 연결고리를 만드는 법이 이해의 계단을 쌓는 설명 기술 중 하나

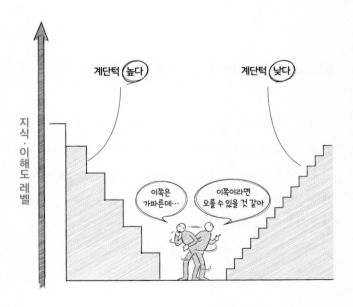

다. 연결고리를 만드는 방법은 제6강의 '인과관계 : 원인과 결과'에서 자세히 다루겠다(속담 "바람이 불면 통장수가 돈을 번다"는 본래 원인과 결과의 관계를 입증하기 어려운 두 가지를 억지로 엮을 때 쓰는 비유 표현이다).

이해의 계단을 만들 때는 단차에 유의해야 한다. 31쪽 그림처럼 당신과 상대방의 지식 및 이해도의 계단턱을 낮춰야 한다. 계단턱이 높고 계단의 수도 적다면 웬만해선 누구도 이해시킬 수 없다.

설명이 통하지 않는 세 가지 원인

이해의 계단을 만드는 구체적인 방법에 들어가기 전에 '왜 이해의 계단을 바로 만들 수 없는지'를 먼저 설명하겠다.

나의 경우, 아무리 열심히 설명해도 상대방이 도통 이해하지 못할 때가 종종 있었다. 나는 그 원인을 밝히려고 다양한 문헌을 조사하고 동료 강사나 지인 교원을 인터뷰했고, 다음과 같은 세 가지 결론에 이르렀다.

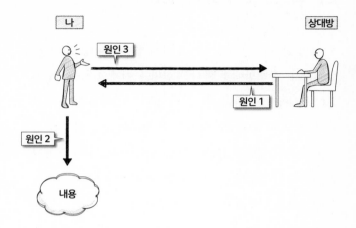

원인 1 상대방이 들을 자세를 갖추지 않았다.

원인 2 본인이 내용을 이해하지 못하고 있다.

원인 3 상대방의 지식을 제대로 파악하지 못하고 있다.

이제부터 세 가지 원인을 하나하나 자세히 알아보자.

들어 주지 않으면 아무 소용 없다

첫 번째 원인인 '상대방이 들을 자세를 갖추지 않았다'부터 살펴보자. 상대방에게 확실히 설명을 이해시키려면 무엇보다 상대방으로 하여금 당신의 설명을 제대로 듣게 해야 한다. 당연한 말인데도 이것이 의외로 어렵다. 아무리 정교한 이해의 계단을 만들어도 상대방이 당신의 말을 듣지 않으면 의미가 없다. 따라서 일단 상대방이 당신의 설명을 들을 자세를 갖추게 만드는 것이 우선이다.

내가 20년 가까이 입시학원에서 강의하면서 가장 신경 썼던 점은 '어떻게 해야 학생들이 내 설명에 귀 기울일까?' 였다. 이런 말을 하면 "공부하려고 입시학원에 온 거니까 다들 열심히 설명을 듣지 않나요?" 하고 되묻는다.

하지만 실제 현장은 그렇게 호락호락하지 않다. 수험 공부 자체에 소극적인 학생도 있고, 내가 가르치는 화학 과목의 특성상 지망대학에서 필요로 하는 입시 과목이다 보니 싫어도 마지못해 공부하는 학생도 적지 않다.

화학은 대량의 지식을 암기하기보다는 이미지가 잘 떠오르지 않는 고도의 법칙을 이해하는 과목이다 보니 어려

워하는 것도 당연하다. 나 역시 고생한 경험이 있어서 그 어려움을 누구보다 잘 안다. 그래서 학생들이 긍정적인 자세로 수업에 참여하게 하는 것, 즉 상대방이 나의 설명을 듣게 하는 것이 첫 번째 넘어야 할 벽이었다.

입시학원 강사는 기본적으로 1년 단위로 계약하기 때문에 이렇다 할 실적이 없으면 다음 해 계약 갱신은 물 건너간다. 간단히 말해 해고다. 입시학원 강사야말로 학생이들을 자세가 안 되어 있어서 설명이 제 기능을 못할 수 있다는 위험을 매일 통감하는 직종이다.

하나를 가르치려면 열을 알아야

두 번째 원인은, '본인이 내용을 이해하지 못하는' 경우다. '설마 그럴 리 있겠어? 말도 안 돼'라고 생각할 수 있지만, 생각보다 본인 스스로가 그 내용을 제대로 이해하지 못하는 경우가 흔하다.

설명하는 중에 '그게 뭐였더라?' 하는 생각이 머리를 스치거나 아예 그런 생각조차 못 하고 적당히 상황을 넘길 때

도 있다. 나도 강사 시절에 나의 부족함으로 학생들에게
상당히 폐를 끼쳤다.

설명하는 쪽이 제대로 이해하지 못하면 절대 상대방을
이해시킬 수 없다. 교육계에서는 "하나를 가르치려면 열을
알아야 한다"는 말이 있는데 상당히 맞는 말이다. 깊이 이
해한다는 문맥에서 보면, 상대방을 1m 깊이까지 이해시키
려면 본인은 미리 10m까지 파 놓을 필요가 있다.

당신 스스로 이해하지 못하거나 무슨 말인지 감이 오지

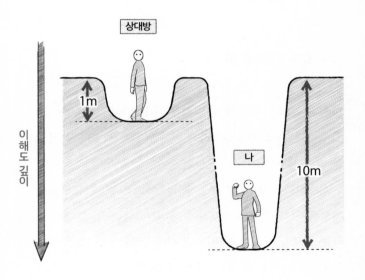

않는다면 아무리 열심히 설명해도 상대방에게 전달되지 않는다. 설명하는 쪽은 머릿속으로 미리 시뮬레이션을 그려 둬야 한다. 본인이 그 내용을 잘 이해하고 있는지 생각한 후에 설명을 시작해야 한다.

가능하면 소리를 내어 자신에게 설명하는 시간을 갖고 그 설명을 들어 보자. 소리 내어 들어 보면 의외로 다르게 느껴진다. 이 방법은 생각하는 것 이상으로 간단하고 효과적이다.

나는 정말 제대로 이해한 컬까?

마지막 원인은, '상대방의 지식을 제대로 파악하지 못하고 있어서'다. 이에 대해 설명하기 전에 먼저 '이해한다'의 진정한 의미부터 살펴보자.

'이해한다'는 쉽게 말하면 자신이 이미 가진 지식(정보)과 새로운 지식(정보)을 연결하는 행위다. 예를 들어, 내가 A라는 정보를 가졌다고 하자. 거기에 B라는 새로운 정보가 들어왔다. 이때 머릿속에서 'A'와 'B'가 각각 다른 상태로

기억된다면 그것은 B를 제대로 이해한 것이 아니다. 진정
으로 이해했다면 'A-B'의 형태와 같이 연결 상태로 머릿속
에 보존되는 것이 맞다.

　이해한다는 행위는 이미 가진 지식과 새로운 지식을 연
결하는 작업이다. 거창하게 말하면 이해한다는 것은 '지식
의 네트워크화'다.

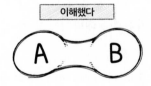

지식 없이는 이해도 없다

지식의 네트워크화에는 다음과 같은 대전제가 따른다. 설명으로 상대방을 이해시키려면, 설명 중에 새롭게 추가되는 지식(정보)과 상대방이 이미 가진 지식을 반드시 연결해야만 한다는 것이다. 즉, 상대방에게 관련 지식이 전혀 없다면 설명만으로 그를 결코 이해시킬 수 없다.

당연한 말이겠지만, 평범한 일상을 살아가는 이상 지식이 전혀 없는 사람은 없다. 그렇기 때문에 설명으로 상대방을 이해시킬 가능성은 얼마든지 있다. 그러려면 상대방이 어느 정도의 지식을 가졌는지, 어떻게 인식하고 있는지 등을 미리 파악할 필요가 있다.

이에 관해서는 제3강에서 자세히 다루겠지만, 우선 사전에 대략이라도 자신과 상대방의 공통 지식, 즉 교집합을 미리 찾아 두자.

이 과정을 소홀히 하면 상대방은 무척 혼란스러워할 것이다. 상대방의 지식을 제대로 파악하지 못하면 결코 이해시킬 수 없다는 점을 잊지 말자.

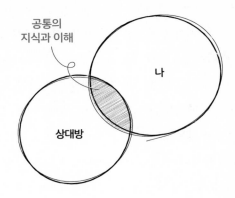

공통의
지식과 이해

나

상대방

왜 상대방의 지식을 알아야 할까?

간혹 상대방의 지식이나 이해도 수준을 전혀 알아차리지 못하는 사람들도 있다. 평소에 고도의 지식을 다루고 있어 설명에 익숙하지 않은 학자나 전문가, 엔지니어 등 기술직에서 흔히 볼 수 있는 일이다.

그 원인은 무엇일까?

상대방에게 A라는 지식이 있는데, 거기에 당신이 B라는 난이도 높은 지식을 설명한다고 하자. 그때 당신이 상대방이 전혀 모르는 용어를 써서 B를 설명한다면 'A–B'라는 연결 상태를 만들 수 없다. 이때 상대방은 자신의 지식과 새로운 지식을 연결해주는 고리를 찾지 못해 '이해의 구멍'이라는 것에 빠지게 된다.

실제로 학자나 엔지니어처럼 학식이 높은 사람은 이해의 구멍이 생기는 과정을 잘 모른다. 그래서 자력으로는 이해의 구멍에서 빠져나오기 쉽지 않다. 예를 들어, 노벨 경제학상을 수상한 대니얼 카너먼의 행동경제학 주요 이론인 '전망 이론Prospect Theory(사람들이 언제나 합리적인 선택을 한다는 기존 경제학 이론에 반발해 생겨났으며, 이익보다 손실을 크게 여기거나 손익이 작을수록 민감하게 받아들이는 비합리적인 인간 행동을 분석한다)'을 설명에 넣는다고 하자. 이때 교육학자는 "전망 이론을 동기부여에 활용하면"과 같은 설명을 하기 쉽다.

하지만 전망 이론을 모르는 사람이 대부분일 테고, 애초에 동기부여라는 말도 그리 익숙하지 않다. 이런 상황은 학자뿐 아니라 업계용어를 많이 사용하는 비즈니스맨에게

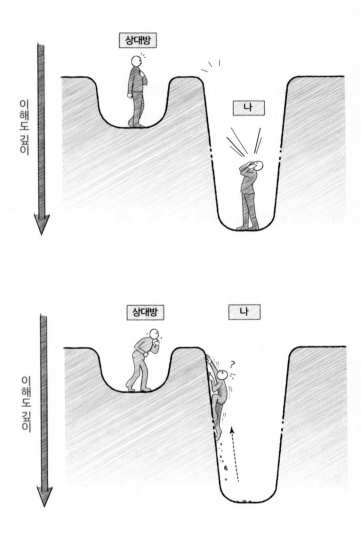

서도 자주 볼 수 있다.

본인이 이미 익힌 전문지식을 그대로 설명에 넣으면 상대방은 이해하지 못할 가능성이 크다. 아무리 희소성 있는 고급 정보라도 상대방이 이해하지 못하면 가치가 없는 것과 마찬가지라는 점을 잊지 말자.

머릿속에 각인되는 설명에는 조건이 있다

10년 전쯤 한 학생과 이런 이야기를 나눴다.

"N선생님의 영어 수업이 지금까지 받은 수업 중에 제일 알기 쉬웠어요!"

그 순간은 질투가 났지만 내 관심사는 즉시 다른 곳으로 향했다. N선생의 수업과 그 학생이 기존에 받았던 수업은 무엇이 다른가? 나는 호기심을 억누르지 못하고 학생에게 단도직입으로 물었다.

"N선생님의 수업이 왜 알기 쉬운지 괜찮다면 가르쳐 주겠니?"

학생은 순간 멈칫하더니 "구체적으로는 잘 모르겠지만,

아무튼 N선생님의 수업은 인상적이어서 한 번만 들어도 머리에 남아요"라고 답했다.

'그래, 그거야.'

나는 속으로 쾌재를 불렀다.

입시학원 강사는 가능한 한 효율적인 방법으로 학생의 실력을 올려야 한다. 대학입학시험까지의 기간도 정해져 있고, 학생은 한 과목만 아니라 적어도 3~7개의 과목을 공부해야 하기 때문이다(논술이나 면접을 포함하면 더 늘어난다).

따라서 입시학원의 수업은 어떻게든 학습 효율을 높이는(단위 시간당 학습 효과를 높이는) 것이 관건이다. 즉, 한 번의 강의로 학생들을 얼마나 이해시키느냐가 강사의 능력을 좌우한다. 알기 쉽게 설명하면 당연히 학생들도 쉽게 이해할 수 있다.

다시 말하지만, 이해한다는 것은 지식의 네트워크화다. 새로운 지식을 상대방의 지식과 연결하고, 그 연결한 지식에 또 새로운 지식을 연결한다. 어쨌든 본인의 설명을 상대방이 이해하지 못한다면 그것에는 반드시 원인이 있다. 그 원인은 대부분 다음과 같다.

원인 1 상대방이 들을 자세를 갖추지 않았다.

원인 2 본인이 내용을 이해하지 못하고 있다.

원인 3 상대방의 지식을 제대로 파악하지 못하고 있다.

이해의 계단을 만들지 못하는 원인은 이 때문이다. 이해
한다는 것은 이 원인을 해결하고 지식을 연결하는 것의 반
복이다. 상대방의 머릿속에 남는 알기 쉬운 설명을 하려면
새로운 정보가 상대방의 머릿속에 연결되기 쉬운 상태인
지부터 파악해야 한다.

드디어 다음 강의부터 내가 개발한 '쉽고 정확하게 설명
하는 7가지 법칙'과 즉효성이 뛰어난 설명 문구, 그리고 이
해의 계단 만드는 법을 소개하겠다.

제 2 강

IKPOLET

Interest
흥미를 끈다

귀에 쏙쏙 박히는 설명에는 포맷이 있다

"점보제트기의 비행 원리가 아직도 명확히 밝혀지지 않았
다는 사실을 알아?"

순간 몸이 굳어졌다.

"뭐야, 생뚱맞게. 그런데 그게 정말이야?"

입시학원에 근무할 때 물리 강사인 동료가 나에게 물었
고, 나는 즉시 "그게 정말이야? 무슨 소리야?" 하며 답을 재
촉했다.

물리학에서 보면, 점보제트기 같은 비행기 종류는 지금
도 비행 원리를 설명할 수 없는 경우가 있는데, 그럼에도
매일 날아다니는 게 신기하다는 사실을 그는 나에게 전하
고 싶었던 것이다.

"제트기가 나는 원리는 아마 이럴 것이다"라는 가설은
있지만, 그것을 당시의 물리학에 적용해 보면 약간의 모순
점이 있거나 명확히 증명하기 어려운 모양이었다.

"원래 양력揚力이라는 게 있어. 항공역학의 관점에서 말
하면…."

동료가 말을 이어가자 물리학에 별 흥미가 없었던 내가

어느새 그의 이야기에 푹 빠져 있었다. 그의 설명은 내용 자체도 재미있었지만 무엇보다 설명 기술이 뛰어났다.

처음에는 흥미를 끄는 말을 앞세우고 그다음에 전제를 제시하고 어떤 증거가 빠져 있는지 밝히는 식으로, 지적이면서 알기 쉬운 설명에는 일정한 포맷이 있음을 깨달았다.

나는 그날 강의에서 동료의 '설명 포맷'을 바로 적용해 보았다. 화학 담당인 나는 물리학을 기반에 둔 비행기 사례를 쓸 수 없어서 일단 이렇게 말문을 열었다.

유명한 ○○○가 사실은 ✕✕✕라는 사실을 알고 있나요?

강의 초반부터 학생들은 귀를 쫑긋 세웠다. 꽤 어려운 내용이었음에도 대부분의 학생들이 적극적으로 수업에 임했다. 이런 방식으로 나는 매일 강의에서 새로운 시도와 실패를 반복했다. 그리고 필살기라고 할 만한 알기 쉽고 지적인 설명 포맷을 발견할 수 있었다.

이처럼 매일 수업에서 반복적으로 실시했을 때 효과가 있었던 것을 특정하고 분석하는 학문을 '학습과학'이라고 한다. 나는 순다이입시학원에 근무한 10년 동안 모든 강의

록을 수첩에 남겼다. 그 강의록을 새롭게 분석하고 불필요한 내용을 삭제한 후에 마침내 설명 포맷을 만들었다. 그것이 지금부터 이야기할 'IKPOLET법'이다.

IKPOLET법이란?

나는 현재 도쿄대학교 대학원에서 '학습환경 디자인'을 연구하고 있다. 학습과학을 바탕으로 진행하는 연구로, 내가 이 연구를 선택한 이유는 '현장에서 실천해서 정말 효과가 있었던 것을 중시한다'는 나의 신념 때문이다.

교육 현장에서는 논리적인 관점이나 측정 방법의 곤란함으로 학습 효과를 제대로 측정할 수 없는 것이 현실이다. 그래서 교육 연구에서는 '실제로 해봤더니 효과가 있었다'는 데이터가 매우 중요하다. 데이터에 교육심리학이나 교사교육학 등의 '이론'을 결합하면 더 확실해진다. 그런 실천과 이론의 융합으로 생겨난 설명 포맷이 IKPOLET법이다.

IKPOLET법은 7단계의 설명 포맷으로, 각 단계의 알파

벳 머리글자를 따와 만든 명칭이다.

1단계 흥미를 끈다. Interest

2단계 상대방의 수준을 파악한다. Knowledge

3단계 목적을 제시한다. Purpose

4단계 큰 틀을 제시한다. Outline

5단계 연결한다. Link

6단계 구체적인 사례와 증거를 제시한다.
　　　　 Embodiment, Example, Evidence

7단계 전이한다. Transfer

　IKPOLET법의 각 단계를 제2~8강에 걸쳐 하나씩 자세히 설명하겠다.

　미리 말하지만, 이 단계를 순서대로 모두 밟을 필요는 없다. 상황에 따라 순서를 건너뛰거나 교체해도 상관없다. 기억해야 할 중요한 사실은 쉽고 정확한 설명에는 '포맷'이 존재한다는 사실이다.

　제2강에서는 '1단계 : 흥미를 끈다'부터 살펴보겠지만, 당신의 흥미를 끄는 단계부터 읽어도 괜찮다. 또한 이 책의 끝

부분에는 적기만 해도 IKPOLET법 설명 멘트가 완성되는
'IKPOLET법 노트'도 마련해 놓았으니 꼭 활용하기 바란다.

그럼 1단계부터 살펴보자.

1단계 : 흥미를 끈다Interest

○○○를 알면 ●●●를 할 수 있다.
○○○를 알지 못하면 비참한 결과를 맞을지도 모른다.

설명 앞머리에 이런 문구를 넣기만 해도 상대방의 의식
은 확연히 달라진다. 나도 수업 중에 아래와 같은 문장을
'킬러 프레이즈Killer Phrase'로 자주 사용한다.

이 부분은 반드시 입시에 나오니까….
이 문제를 풀지 못하면 다른 수험생에게 밀린다.

'대체 어디가 킬러지?'
이렇게 생각하는 분도 있을 것이다. 사람에 따라서는

경박하게 들리거나 이런 말을 쓸 일 없다는 의견도 있을 것이다. 하지만 메커니즘을 제대로 이해하고 활용한다면 말한마디로 누구든 돌아보게 만들 수 있다.

이 문장이 지닌 본질적 기능은 누구나 갖고 있는 '욕망'과 '공포'를 자극하는 것이다. 욕망은 얻을 수 있는 이익, 즉 메리트를 강조한다. 반면 공포는 생길 수 있는 손해, 디메리트나 위험을 강조한다. 설명하는 쪽은 기본적으로 '상대방은 내가 하는 설명을 소극적으로 들을 가능성이 있다'는 점을 염두해야 한다. 그래야 듣는 쪽의 의식을 180도 바꿔 내쪽으로 향하게 할 수 있다.

이 부분은 반드시 입시에 나오니까….

이 문장의 목적은 '이것을 알면 득점으로 이어진다'는 수험생의 욕망을 자극하는 것이다. 수험생은 누구나 득점을 원한다. 원하는 대학에 합격하기 위해 어떻게든 좋은 점수를 받고 싶어 한다.

수험생 전원이 모든 과목에 긍정적일 리 없다. 싫어하는 과목도 공부해야 하는 상황이 반드시 존재한다. 따라서 설명에 귀 기울이게 하려면 눈앞에 당근을 매다는 것도 중요하다.

일단은 상대방의 욕망을 자극하는 것이 설명의 첫 걸음이다. 만일 학생이 대학 합격에 별 관심이 없고 점수를 올리기보다 휴대전화 게임에만 관심을 쏟는다면 나는 이렇게 말한다.

공대에 들어가 프로그래밍을 공부하면 지금 네가 빠져 있는 게임을 직접 만들 수 있어. 이것보다 훨씬 재미있는 게임을 만들 수 있고, 종일 게임만 하고 있어도 아무도 뭐라고 안 해. 사용자에게 고맙다는 인사를 받는 건 물론이고 돈도 벌 수 있어. 그쪽이 훨씬 즐거운 인생이 아닐까?

여기서 내가 전하고 싶은 바는 상대방이 현재 품고 있는 욕망을 더 큰 욕망으로 바꿔 줘야 한다는 것이다. 내 경험에 비춰 봤을 때 상대방의 욕망을 전혀 다른 분야의 욕망으로 바꾼다면 단기적으로는 어떻게든 되더라도 장기적으로는 지속하기 어려울 때가 많았다.

그보다는 상대방이 현재 품은 욕망을 같은 방향으로 크

게 키우는 편이 훨씬 효과적이다. 설명할 때는 먼저 상대방의 욕망이 무엇인지 철저히 파악하는 습관을 들이도록 하자.

상대방을 움직이게 하는 특효약

이 문제를 풀지 못하면 다른 수험생에게 밀린다.

이 말의 목적은 직설적으로 말하면 '다른 수험생에게 질 수도 있다'는 수험생의 공포를 자극하는 것이다. 이런 기술을 공포 소구fear appeal(소비자에게 불안이나 공포심을 주어 제품에 대한 관심을 유도하는 광고 기법)라고 하는데, 텔레비전 광고나 전철 광고판 등에서도 자주 찾아볼 수 있다.

예를 들면 "이것을 하지 않으면 뇌졸중에 걸릴 위험성이 ○○% 높아진다" 등의 자극적인 문구로 시청률을 높이는 보험 상품이나 건강보조기구와 같은 경우다.

그 내용의 사실 여부와는 별개로 사람은 자신과 관련된 위험성이 높아지면 당연히 귀 기울이게 마련이다. 같은 말에도 '아, 그렇구나' 하고 공감하는 사람이 있는가 하면, 위화감을 느끼는 사람도 있다.

하지만 현실에서 사람은 역시 득과 실로 움직이게 되어 있다. 특히 대학입학시험처럼 단기간에 성과를 내야 하는 상황에서는 그런 현상이 두드러진다. 수험생에게는 성과를 내지 못하면, 즉 합격하지 못하면 재수, 삼수를 해야 한다는 공포가 항상 뒤따른다.

대니얼 카너먼 교수의 전망 이론에도 나오듯, 사람은 가능한 한 손실을 회피하려는 심리 경향이 있다.

만일 상대방이 위험에 노출될 가능성이 확실하다면, 설명하는 쪽은 두말할 것 없이 상대방에게 그 위험성을 전하는 것이 옳은 일이 아닐까? '이 설명을 듣지 못하면 손해를 본다'고 말이다. 학생이 설명을 제대로 듣지 않으면 수업을 제대로 따라가지 못해 성적이 떨어지는 것은 사실이므로….

설령 상대방에게 미움을 받더라도 불 보듯 뻔히 벌어질 위험성이라면 꼭 전하는 것이 좋다.

귀를 쫑긋 세우게 하는 단추

그러나 매번 말을 할 때마다 공포 소구를 이용해 위기감만 조성한다면 상대방과의 신뢰 관계는 머지않아 금이 갈 것이다. 이때 중요한 것이 '의외성'이다. 의외성을 발휘해 상대방의 궁금증을 유발하는 것이다. 예를 들면, 전지電池를 주제로 강의할 때 서두에서 이렇게 말하면 더 흥미를 끌 수 있다.

여러분이 매일 사용하는 휴대전화 배터리의 역사가 개구리에서 시작되었다는 사실을 알고 있나요?

이렇게 말문을 열면 학생들의 얼굴은 호기심으로 가득해진다.

1780년 이탈리아의 동물학자 루이지 갈바니Luigi Galvani는 개구리 해부 실험을 했습니다. 그때 어쩌다 개구리 양다리에 각기 다른 금속이 닿았어요. 순간 죽었다고 생각했던 개구리의 다리가 움찔하고 움직였죠. 마침 그 자리에 있던 물리학자 알렉산드로 볼타

Alessandro Volta가 개구리의 움직임에서 착안한 볼타 전지를 만들었어요. 볼타는 전압의 단위인 볼트v의 유래가 되었답니다.

학생들은 더 귀를 쫑긋 세운다.

물론 호기심이란 그리 간단하게 자극할 수 없을뿐더러 이런 설명이 익숙하지 않을 때는 의도적으로 호기심을 자극하는 방식에 상대방이 거부감을 느낄 수 있다. 하지만 분명한 것은 누구에게나 즉시 호기심을 일으킬 만한 궁극의 무기가 존재한다는 것이다. 그 두 가지 방법을 알아보자.

상대방의 눈과 귀를 사로잡는 두 가지 방법

지금부터 공개하는 것은 설명에 서툴렀던 내가 실전에서 익힌 노하우다. 이렇게만 하면 상대방은 반드시 따라오게 되어 있다.

① 한 문장에 '모순'을 넣는다.
② 비밀스러운 분위기를 풍긴다.

①번 '한 문장에 모순을 넣는다'는, 이를테면 "세상에서 가장 약한 사자는?"처럼 '약함'과 '사자'라는 상반된 이미지의 어휘를 한 문장에 넣는 것이다.

②번 '비밀스러운 분위기를 풍긴다'는, 당신의 설명이 지금껏 한 번도 소개된 적 없다는 분위기를 풍기는 것이다.

이 두 가지 중 어느 한쪽만 사용해도 열에 아홉은 관심을 보일 것이다. 지금부터 구체적인 예를 들어 하나씩 설명하겠다.

사람은 모순에 끌린다

"있잖아⋯. 아니야, 역시 안 되겠어."

친구에게 이런 말을 들은 적 없는가? 왠지 다음 이야기가 궁금해져 "뭐야, 왜 말을 하다 말고 그래. 끝까지 말해봐"라고 재촉하지 않았는가?

'한 문장에 모순 넣기'는 상대방의 궁금증을 이용하는 방법이다. 사람은 모순이 나왔을 때 궁금증이 생기고, 궁금함을 풀지 못해 느끼는 불쾌감을 어떻게든 해소하려고 한다(이것을 인지부조화 이론이라 한다).

이 방법을 사용하면 많든 적든 상대방은 궁금증에 빠질 수밖에 없고, 결국 흥미를 갖는다. 다음과 같은 문구가 좋은 예다.

건강에 좋은 독이 있다는 사실을 아나요?

볼타는 얼음을 알고 있니?

그냥 버려도 되는 페트병이 있습니다.

한 문장에 모순을 넣어 의도적으로 상대방이 이상하다고 느끼게 만드는 것이다. 그 단어는 극단적이면서 상대방의 고정관념과 동떨어질수록 효과적이다.

건강에 좋은 독은 독물과 독약의 차이를, 불타는 얼음은 메테인 하이드레이트를, 분리수거 없이 버려도 되는 페트병은 생분해성 플라스틱을 뜻한다. 이처럼 얼핏 모순되는 단어나 어휘를 한 문장 혹은 한 문단에 넣는다.

모순을 제시해 상대방의 궁금증을 일으킨 후에는 반드시 궁금증을 해소할 설명을 덧붙여야 한다(그 해소법은 제6강에서 자세히 다루겠다).

상대방의 궁금증을 풀어 주지 않고 그대로 두면 머릿속에 생긴 물음표가 언제까지나 지워지지 않아 오히려 잡념이 생긴다. 결과적으로 그다음 당신이 할 설명에 방해가 된다. 따라서 모순과 모순을 해소하기 위한 설명은 반드시 한 세트여야 한다.

덧붙여 모순과 관련해 설명력을 향상하는 데 힌트가 될 만한 이야기를 하나 더 하고 싶다. 화학과 관련한 이야기이지만 모순을 이해하고 활용하는 데 큰 도움이 될 테니 주의 깊게 읽어 주기 바란다.

사람은 '변화'를 흥미롭게 받아들이는 생물이다. 나는 이 변화를 설명 중에 의도적으로 강조한다. 강의를 하다 보면 학생 앞에서 화학 실험을 하는데, 눈에 보이는 큰 변화가 있었던 순간에는 학생들의 눈빛도 덩달아 변한다. 동공이 확 커지면서 눈이 반짝인다.

한번은 이런 실험을 한 적 있다. 쌀에 함유된 전분을 물에 녹인다. 전분이 녹아 있는 투명 액체를 삼각 플라스크에 넣고, 거기에 갈색 가글액을 넣는다. 그 순간 액체는 단번에 보라색으로 변한다.

그 후 성냥에 불을 붙이고 성냥에서 나온 연기를 삼각

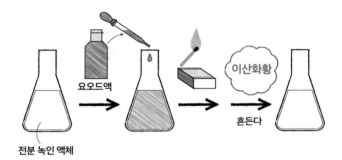

요오드액

이산화황

흔든다

전분 녹인 액체

플라스크 공간에 담는다. 손으로 삼각 플라스크 입구를 막고 두세 번 크게 흔들면 보라색 액체는 단번에 무색투명해진다.

이처럼 상대방이 좀처럼 상상하지 못한 변화를 보여 주거나 말함으로써 의외성을 연출한다면 상대방의 호기심을 순식간에 자극할 수 있다.

실험 결과가 궁금한 분도 있을 테니 실험 원리를 간단히 설명하겠다. 흥미 없는 분은 건너뛰어도 괜찮다.

전분을 녹인 액체에 갈색 가글액을 넣으면 색이 변하는 원리는 초등학교 때 과학 실험에서 했던 전분과 요오드액

반응 원리와 똑같다.

감자에 함유된 전분과 요오드액이 결합하면 보라색이 되는데, 갈색 가글액에도 요오드 성분이 들어 있어 전분을 녹인 액체의 색이 바뀐 것이다.

또 성냥불을 붙이면 이산화황이라는 기체가 발생하는데, 이것이 전분과 결합한 요오드와 반응해 요오드 성분이 사라지므로 색도 사라지는 원리다.

사람은 비밀을 엄청나게 좋아한다

상대방의 눈과 귀를 사로잡고 싶다면 비밀스러운 분위기를 풍겨라.

지금까지 단 한 번도 말한 적 없지만….

이런 말을 들으면 다음에 어떤 이야기가 이어질지 궁금하지 않은가?

이 문장의 목적은 내용(정보)의 희소성을 연출해 기대감을 높이는 것이다.

비밀이라는 희소성을 언급하면 상대방은 반드시 귀를 기울인다. 미국의 사회심리학자 로버트 치알디니의 명저 『설득의 심리학』에도 "손에 넣기 어려워지면 그 기회가 더 소중하게 느껴진다"는 글이 등장한다. 즉, '비밀'을 연출한다는 것은 그 내용을 손에 넣기 어렵다는 사실을 넌지시 강조하는 것이다.

그리고 사람은 누구나 비밀을 폭로하고 싶은 마음이 있는 동시에 누구나 비밀을 알고 싶다는 욕망을 품는다. 따라서 정보의 희소성을 전하는 것만으로 상대방의 가슴을 두근두근 설레게 할 수 있다.

흥미를 끌기 위한 목적이라면 자신(이야기하는 쪽)이 비밀을 갖고 있다는 분위기를 풍기는 정도가 딱 좋다. 앞으로 설명을 할 때는, 아래 문장을 앞에 넣고 설명을 시작하는 것도 괜찮지 않을까.

지금까지 누구에게도 말한 적 없는 이야기지만….

이렇게 말문을 열면 상대방은 어쩌면 비밀 이야기를 들

을 수 있다는 기대에 귀를 쫑긋 세울 것이다. 말로 하지 않아도 그 설렘은 표정으로 고스란히 드러난다.

계속해서 쉽고 정확하게 설명하는 법 2단계 'Knowledge: 상대방의 수준을 파악한다'를 살펴보자.

즉시 효과를 볼 수 있는 한마디

· ○○를 알면 ●●를 할 수 있게 됩니다.

· ○○를 알지 못하면 ▲▲가 일어날 위험이 높아집니다.

· ○○가 사실은 XX란 사실을 알고 있나요?

· 지금까지 단 한 번도 말한 적 없지만….

· 다른 사람에게는 아직 말한 적 없지만….

· 지금부터 하는 이야기는 당신에게 처음 말하는 것입니다.

라디오 실황중계를 듣자
익숙한 습관으로 설명력이 쑥쑥!

나는 라디오 프로야구 실황중계를 무척 좋아해 자주 듣는 편이다.

텔레비전 방송이 "네. 이치로 선수 큰 타구입니다. 넘어갔습니다. 홈런!" 하고 중계한다면, 라디오 실황중계는 "이치로 선수의 타구는 큰 회오리를 그리며 센터 방향으로 쭉쭉 뻗어 갑니다. 넘어갈까요? 넘어갈 수 있을까요? 네, 넘어갔습니다. 홈런, 홈런입니다. 백스크린을 맞히는 큰 홈런입니다"라고 중계한다.

라디오 실황중계는 듣는 사람과 영상을 공유할 수 없기 때문에, 듣는 쪽에서 이미지를 머릿속에 생생히 그릴 수 있도록 표현한다.

요컨대 설명하는 쪽과 듣는 쪽이 장면을 공유하지 않은 상황에서 장면을 묘사한다는 점에 설명 능력이 향상되는 비결이 숨어 있는 것이다.

반면 텔레비전처럼 시청자와 해설가 모두 현장 상황을 공유하는 상황에서는 아무래도 설명 기술의 효과가 줄어든다. 차라리 라디오처럼 영상이 없는 쪽이 상대방이 머릿속에 이미지를 떠올릴 수 있어 알기 쉬운 설명을 단련하기에 적합하다.

IKPOLET

Knowledge
상대방의 수준을 파악한다

2단계 : 상대방의 지식이나
이해도 수준을 파악한다 Knowledge

초중고 교사나 대학 교수는 물론, 명문 대학을 졸업한 머리가 뛰어난 비즈니스맨의 설명이더라도 이해하기 어려울 때가 있다. 그 대표적인 원인 중 하나는 그들이 학계나 특정 업계에서만 통하는 전문용어를 사용하기 때문이다. 상대방에게 전혀 친숙하지 않은 말을 평소와 다름없이 쓰다 보니 벌어지는 일이다.

정말 머리 좋고 설명도 잘하는 사람은 전문용어나 업계 용어를 거의 쓰지 않는다. 그들은 어떤 수준의 내용도 '알기 쉽게' 설명한다. 그런 사람들의 설명을 자세히 분석하면 아래 세 가지 말기술을 사용하고 있다.

말기술 1 전문용어나 업계용어는 초등학생도 알 수 있는 수준의 말로 바꾼다.

말기술 2 전문용어나 업계용어를 쓸 때는 한 문장에 한 단어만 넣는다.

말기술 3 전문용어나 업계용어를 쓸 때는 주석을 넣는다.

전문용어나 업계용어를 쓰더라도 이 세 가지로 설명의 난이도를 조절하는 것이다. 상대방이 확실히 이해하기를 원한다면 그의 흥미와 관심을 끈 다음Interest 그가 이해하는 수준의 지식으로 설명해야 한다. 상대방이 이미 가진 지식 Knowledge을 파악한 후, 그 지식에 접근하는 것이 쉽고 정확하게 설명하는 법 2단계다.

이 순서를 밟지 않으면 설명 자체가 성립되지 않는다. 이것은 제1강에서 다룬 '당신의 설명을 상대방이 이해하지 못하는 이유'와도 일맥상통하다. 그런 이유로 설명은 '상대방이 무엇을 어디까지 알고 있는지'를 찾는 것부터 시작해야 한다. 왜 굳이 귀찮게 상대방의 지식까지 파악해야 하는가? 솔직히 이렇게 생각하는 분들도 있을 것이다. 그 이유를 좀 더 깊이 파고들어 보겠다.

상대방의 지식을 파악해야 하는 이유

이해한다는 것은 상대방이 이미 갖고 있는 지식을 당신이 전하는 새로운 지식과 서로 연결하는 것이다.

상대방이 당신의 설명을 확실히 이해하기 위해서는, 기본적으로 상대방의 머릿속에 앞으로 당신이 전할 새로운 정보와 연결하기 위한 기본 지식이 있어야 한다. 만일 당신이 설명하려는 정보와 연결할 수 있는 정보가 상대방의 머릿속에 없다면 그의 머릿속에 새로운 '지식의 네트워크화'를 일으킬 수 없다.

이런 상황을 피하기 위해서는 먼저 현시점에서 상대방의 지식을 파악하고, 그 지식과 새로운 지식을 연결하는 작업부터 시작해야 한다.

구체적인 작업 순서는 다음과 같다.

순서 0 상대방을 철저히 프로파일한다.

순서 1 상대방의 지식이나 이해도 수준을 파악한다.

순서 2 상대방의 지식이나 이해도 수준과 목표점의 격차를 측정한다.

순서 3 그 격차를 좁히는 설명을 한다(제4강~8강).

순서 3은 앞으로 이어질 강의에서 설명할 예정이니 이번 강의에서는 순서 0~2를 살펴보자. 이 순서를 밟으면 상대방의 지식이나 이해도 수준, 목표점까지의 격차를 알 수 있다. 나아가 이 책의 후반부에서 이어서 '설명을 디자인'할 때도 한결 수월해진다.

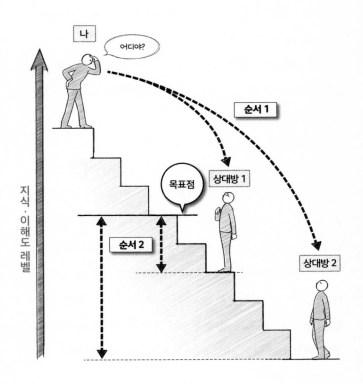

지식은 물론, 심리까지 파악하라

순서 0부터 시작하자.

순서를 0으로 매긴 이유는 설명에 들어가기 이전 단계의 작업이기 때문이다. 즉, IKPOLET법 1단계인 흥미 끌기 이전에 행하는 작업이다.

쉽고 정확하게 설명하는 사람은 미리 상대방에 대한 정보를 가능한 한 많이 수집해 조사를 철저히 한다. 이 작업을 프로파일이라고 한다.

일전에 카리스마 넘치는 한 투자 전문가와 유명 프리랜서 아나운서에게 각각 세미나 강연을 의뢰한 적 있었다. 내가 "○○○를 주제로 강연해 주실 수 있겠습니까?"라고 의뢰하자, 두 사람 모두 처음 한 말이 "어떤 분들을 대상으로 하는지 되도록 상세하게 알려 주세요"라는 말이었다.

강연 주제를 깊이 파고들기 전에, 어떤 사람을 대상으로 하는 강연인지를 파악하는 것이 두 사람에게는 우선순위였던 것이다. 최고의 자리에 오른 프로페셔널에게는 강연 주제 이상으로 강연 대상을 파악하는 것이 중요하다는 사실을 새삼 느꼈다.

이렇듯 쉽고 정확하게 설명하려면 상대방이 어느 정도의 지식을 가졌는지, 어떤 사고방식을 지녔는지, 지식이나 이해도 레벨은 물론이고 심리까지 파악할 필요가 있다.

프로파일이 중요한 이유

프로파일을 할 때는 '이해의 구멍'에서 빠져나와야 한다. 잠시 당신이 설명하려는 지식과 기술을 익혀 왔던 과정을 거슬러 올라가 초심자의 자세로 돌아가는 것이다. 자신의 이해의 구멍에서 빠져나온 후에 상대방의 이해의 구멍을 들여다보는 것이 프로파일의 요령이다.

당신이 이해의 구멍에 깊이 빠진 상태에서는 상대방이 빠진 이해의 구멍을 알아차릴 수 없다. 상대방이 빠진 이해의 구멍이 어디쯤이며 그 깊이는 어느 정도인지 빨리 파악해야 한다. 이것이 프로파일의 첫 번째 목적이다.

프로파일의 두 번째 목적은 상대방이 빠진 이해의 구멍을 파악한 다음 이해의 심화를 방해하는 '벽'의 존재를 파악하는 것이다.

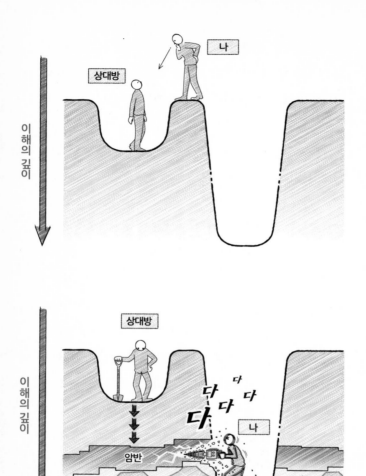

나는 이 벽을 '심화의 암반'이라고 부른다. 설명하는 쪽은 가능한 한 빨리 심화의 암반을 뚫어 줘야 한다. 심화의 암반 아래에 '금맥'이 기다리고 있기 때문이다. 이 금맥은 바로 상대방이 깊이 이해했을 때 얻을 수 있는 달콤한 과실, 즉 창조성이나 재현성 있는 지식과 기술이다. 금맥을 찾아 금을 캐내려면 설명하는 쪽이 심화의 암반을 뚫는 드릴 역할을 해 줘야 한다.

무엇을 프로파일할 것인가

프로파일을 할 때는 상대방의 지식과 이해도 수준을 파악하는 것 외에도 연령, 성별, 성격, 흥미나 관심사, 목적, 목표, 동기, 요구사항 등 되도록 많은 것을 조사하는 편이 효과적이다.

특히 상대방의 흥미나 관심사는 매우 중요하다. 그것을 아는 것만으로 IKPOLET법 1단계 '흥미를 끈다'를 성공할 확률이 급격히 높아진다. 설명의 폭도 확연히 넓어질 수 있다.

상대방을 확실히 이해시키려면 먼저 그가 어디에 흥미와 관심을 보이는지 조사해야 한다. 나는 첫 강의를 시작하기 전에 학생들의 모의고사 성적이나 지망 대학 리스트, 출신 고등학교 등을 머릿속에 입력한 다음 이미지트레이닝을 하고 수업에 들어간다. 그러면 학생들의 흥미나 관심사에 접근하기 수월해져 그들이 솔깃해할 만한 말도 많이 나온다.

쉽고 정확하게 말하는 사람은 사전 조사로만 그치지 않고 한창 설명하는 중에도 프로파일을 한다. 자신의 말에 상대방이 보이는 반응, 고개를 끄덕이거나 가로젓는 행동, 시선 처리, 동공의 움직임 등도 이해도를 측정하는 지표가 되므로 꾸준히 상대방을 관찰한다. 자신의 설명이 상대방에게 영향을 주지 못한다면 표현 방법이나 설명 방식을 바꿔 다시 시도한다.

이때 유념할 점은 상대방에게 과도한 기대를 해서는 안 된다는 점이다. 상대방을 무시하라는 말이 아니다. 당신은 잘 아는 정보라도, 상대방은 당신이 생각하는 것 이상으로 새로운 정보를 어려워한다. 따라서 상대방을 존중하면서도 과대평가 역시 하지 않도록 주의한다.

나 역시 학생들을 과대평가한 채 수업에 임했다가 당황했던 경험이 있다. 화학 수업 시간에 나는 학생들이 당연히 원소기호를 1~20번까지 다 알고 있으리라 생각했다.

그런데 어느 날 학생 중 몇몇이 원소기호 자체를 모른다는 사실을 알았다. 그 사실은 나에게 상당한 충격이었다. 탄소의 원소기호가 C라는 것도 모르다니, 당시의 나로서는 상상조차 할 수 없는 일이었다.

'설마 이 정도는 알겠지' 하고 기대하면 자신과 상대방과의 엇박자에 무감각해진다. 엇박자를 조금이라도 줄이려면 철저한 프로파일이 필요하다. 이것이야말로 진정한 의미에서 상대방과 시선을 마주하는 것이다.

프로파일에 철저한 사람은 상대방에게 설명을 확실히 이해시키려는 열정도 갖추고 있다. 설명하는 쪽에서 보면 상대방은 아무래도 정보의 약자일 수밖에 없다. 그때 상대방에 대한 존중이나 배려가 없으면 말끝마다 무심코 무시하거나 깔보는 말이 나올 수 있다.

반면 당신에게 상대방을 이해시키려는 열정이 있다면 그 열정이 상대방에게 전해지기 마련이다. 상대방은 당신의 열정을 느끼고 설명을 긍정적으로 들을 것이다. 나아가

지식의 상승효과를 일으켜 한층 더 깊이 있는 이해로 이끌어 줄 수 있다.

모든 것은 상대방의 반응에서

이어서 순서 1 '상대방의 지식이나 이해도 수준을 파악한다'를 살펴보자.

순서 0 상대방을 철저히 프로파일한다.

순서 1 상대방의 지식이나 이해도 수준을 파악한다.

순서 2 상대방의 지식이나 이해도 수준과 목표점의 격차를 측정한다.

순서 3 그 격차를 좁히는 설명을 한다.

네 가지 순서의 바탕에는 언제나 '상대방의 반응'이 존재한다는 점을 잊지 말자. 여기서 반응을 설명 행위에 대한 '아웃풋'이라고 하자. 아웃풋을 이끌어 내는 두 가지 방법을 이용해 상대방의 지식이나 이해도 수준을 판단해 본다.

방법 1 언어화에 의한 아웃풋 ⇨ 일곱 가지 질문 이용

방법 2 시각화에 의한 아웃풋 ⇨ 진단 평가 이용

방법 1은 이해의 깊이를 측정하는 '일곱 가지 질문'을 묻는 방식이다. 방법 2는 진단 평가를 사용하는데 이를테면 사전 테스트 같은 것이다.

아웃풋은 철학용어로 외화外化, 인풋은 내화內化라고 한다. 교육심리학에서는 가르칠 때 통상 '내화→외화'의 순서로 모델을 제시한다.

하지만 상대방의 이해도 수준이 어느 정도인지 모를 때, 내화부터 시작하는 것은 위험할 수 있다는 게 내가 현장에서 얻은 경험이다.

상대방은 어떤 지식을 가졌는가?

어디까지 이해하고 있는가?

이런 정보를 바탕으로 설명하지 않으면 결코 상대방을 이해시킬 수 없다.

엄밀히 말해 순서 1은 하지 않아도 무방하다. 상대방의 이해도 수준을 정확히 알기는 꽤 어려울뿐더러 현장에서는 시간이 허락되지 않아서다. 따라서 상대방의 이해도를

대략 파악했다 싶으면 순서 1은 그냥 넘어가는 편이 낫다.

그럼 방법 1과 방법 2를 각각 살펴보자.

방법 1 - 일곱 가지 질문

"쉽고 정확하게 설명하려면 어떤 기술이 필요할까요? 현시점에서 당신이 가장 중요하다고 생각하는 것을 알려 줄 수 있나요?"

만일 내가 독자인 당신에게 직접 질문할 수 있다면 이렇게 묻고 싶다. 이 질문의 답을 듣는다면 나는 당신에게 가장 적합한 설명 노하우와 구체적인 훈련 방법을 제시할 수 있기 때문이다.

현시점에서 내가 당신의 지식이나 이해도 수준이 어느 정도인지 아는 것은 당신이 쉽고 정확하게 설명을 하는 데 매우 중요하다.

일곱 가지 질문의 목적은 상대방의 지식을 직접 말로 듣고, 그 이해의 깊이를 측정하기 위해서다. 이때 사용하는 일곱 가지 질문을 소개하겠다.

① 이것에 대해 설명해 주지 않겠습니까? : 현상 파악

② 이것은 무엇입니까? : 정의 혹은 분류·프레임의 명료화

③ 이것은 어떤 위치에 있습니까? : 전체와 부분의 파악

④ 왜 그렇게 되었습니까? : 인과관계의 이해

⑤ 무엇을 위해 하는 것입니까? : 목적과 수단의 판단

⑥ 요컨대? 구체적으로는? : 추상화와 구체화

⑦ 증거는? 원리는 무엇입니까? : 증거와 원리 제시

　일곱 가지 질문은 영국 에든버러대학교 명예교수이자 교육심리학자인 노엘 엔트위슬의 저서를 참고해 내가 다듬어 만든 것이다. 일곱 가지 중 적절한 질문을 찾아 상대방에게 묻고 그 답을 들으면 상대방의 이해도를 대략 판단할 수 있다.

　물론 일곱 가지 질문만으로 상대방의 모든 것을 측정할 수는 없다. 하지만 적어도 상대방이 질문에 원활하게 답할 수 있는지 없는지를 보고 판단 기준을 세울 수 있다.

　질문 ①부터 시작하되, 이해시키려는 내용이나 목표점에 맞춰 ②~⑦ 중 두세 문제를 질문해 본다. 상대방이 그 질문에 정확히 답했다면 그 시점에서 어느 정도 이해했다

고 판단해도 좋다.

상대방이 대부분의 질문에 답하지 못한다면 그 부분을 중심으로 어떻게 설명할지 구상한다. 순서는 다음과 같다. 먼저 질문 ①을 던지며 상대방에게 설명을 요구한다. 사실 질문 ①은 나머지 여섯 질문의 내용을 포괄하는데, 이 질문으로 현시점에서 상대방이 자신의 지식과 기술을 어디까지 표현할 수 있는지 파악할 수 있다. 그 후 나머지 질문 ②~⑦을 적절히 묻는다.

이해를 돕기 위한 예를 들어 보겠다. 인공지능을 설명하려면 상대방이 인공지능에 대해 어느 정도 알고 있는지 파악해야 한다. 질문 ①을 이용해 물어보자.

인공지능에 대해 현재 당신이 알고 있는 내용을 가르쳐 줄래요?

만일 이렇게 질문할 수 없는 상황이라면 포괄적으로 질문해도 좋다.

최근 화제가 된 인공지능에 대해 알고 있습니까?

이 질문에도 상대방이 소극적인 반응을 보인다면 단도직입으로 묻는다.

인공지능이 무엇인지 아는 사람은 손을 들어 주세요.

이때 상대방이 다음과 같이 말했다고 하자.

들어는 봤지만 잘 모르겠습니다.

이 정도 대답으로 상대방의 지식수준이 어느 정도인지 파악했다면 일단 첫 번째 관문은 통과다. 나도 실제 강의 현장에서 "이 단원은 학교에서 배웠나요?" 같은 질문을 던져 학생들의 학습 상황을 먼저 확인한다.

다음은 이해시키고자 하는 목표점에 맞춰 다음과 같이 질문한다.

인공지능의 정의를 알고 있나요? (질문 ②)

인공지능은 어떤 곳에 사용되나요? (질문 ⑤)

설명하는 중에 상대방의 표정이나 고개의 끄덕거림 등을 관찰하면서 반응이 신통치 않다면 상대방이 이해할 수 있는 수준까지 내려가 이야기한다.

　초등학생이라면 인공지능이라는 단어를 잘 모를 수 있다. 이때는 좀 더 쉬운 단어, 예를 들어 로봇이나 두뇌와 같은 단어를 써서 설명한다.

　인공지능은 로봇의 뇌라고 할 수 있습니다.

　이렇게 상대방이 확실히 이해할 수 있는 지식수준까지 내려가 설명하면서 반드시 상대방의 반응을 살피는 습관을 들이자.

　일곱 가지 질문은 설명에 들어가기 전 '상대방이 어디까지 알고 있는가?'를 확인하는 도구이지만, 설명을 마친 후 '상대방이 어느 정도 이해했는가?'를 파악할 때도 유용하다. 설명을 마친 다음 상대방이 일곱 가지 질문에 답했다면 당신의 설명을 충분히 이해했다고 볼 수 있다.

　일곱 가지 질문은 설명 전후로 언제든 사용할 수 있을 만큼 우수하다. 예를 들어, 학생이 나에게 질문을 하면 나는 그 질문에 답한 직후 그 학생에게 질문한다.

방금 내가 네게 설명한 내용을 이번에는 나에게 설명해 주겠니?

상대방이 나와 똑같이 설명할 수 있는 수준까지 이해했는지를 확인할 수 있다는 점이 일곱 가지 질문의 큰 장점이다.

물론, 이 질문만으로는 상대방이 확실히 이해했는지 파악할 수 없다. 하지만 적어도 상대방의 이해의 깊이를 측정하는 데는 매우 효과적임을 기억하기 바란다.

방법 2-진단 평가

상대방의 지식이나 이해도 수준을 판단하는 두 번째 방법은 진단 평가다. 설명에 들어가기 전에 하는 간이 테스트라고 보면 된다.

진단 평가는 상대방의 지식을 눈으로 확인하는 것이 목적이다. 또한 테스트 결과를 보고 다음에 전개할 설명을 구체적으로 디자인할 수 있다.

이 방법은 설명을 듣는 사람의 수가 많아 일일이 질문하기 어려울 때 특히 효과적으로, 상대방의 현재 이해도 수준을 판단할 수 있는 테스트용 문제를 만들어 설명에 들어가기 전에 답을 받는 방식으로 이루어진다.

진단 평가를 할 때 설명의 흐름이 끊기는 것을 피하고 싶다면 순서 0의 프로파일과 통합하는 편이 무난하다.

진단 평가로 오히려 설명에 걸리는 시간이나 수고가 늘어난다면 일부러 할 필요는 없다. 그러나 초보 강사이면서 많은 설명을 해야 할 경우에는 상당히 효과적이다.

이때 테스트 문제는 당신이 설명할 내용의 수준보다 훨씬 기초적인 내용으로 구성하는 것이 요령이다. 그렇지 않으면 설명도 하기 전에 상대방이 한계를 느낄 수 있고, 테스트 결과가 나빠서 의욕이 떨어질 수 있다. 그로 인해 설명에 대한 '마음의 벽'이 생길 위험이 높다.

나의 경험상, 사전 테스트는 정답률이 약 80%가 되게끔 간단한 문제로 구성하는 게 좋았다. 고등학생 화학 초보자라면 테스트 문제는 원자번호 1~20번까지의 원자기호나 주기율표에 관한 기초 지식 정도면 충분하다.

무엇을 설명하면 좋을지 어떻게 측정할까?

순서 2는 '상대방의 지식이나 이해도 수준'과 '목표점'의 격차를 측정하는 것이다.

순서 0 상대방을 철저히 프로파일한다.

순서 1 상대방의 지식이나 이해도 수준을 파악한다.

순서 2 상대방의 지식이나 이해도 수준과 목표점의 격차를 측정한다.

순서 3 그 격차를 좁히는 설명을 한다.

상대방의 지식이나 이해도 수준을 파악했다면 당신이 이해시키고자 하는 목표점까지의 격차를 측정할 필요가 있다. '이해의 계단'의 층수가 목표점까지 과연 앞으로 얼마나 남았는지를 측정하는 것이다.

측정 방법은 비교적 쉽다.

앞에서 말한 일곱 가지 질문 중 상대방이 답하지 못했던 질문을 다시 물어보면 된다.

인공지능은 어떤 곳에 사용되나요? (질문 ⑤)

이 질문에 상대방이 답했다면, 이어질 설명으로 인공지능이 쓰인 사례(사람과 대화할 수 있는 로봇, 엑스선 사진으로 질병 발견 등)를 구체적으로 소개하면 된다(사례를 제시하는 방법은 제7강에서 설명하겠다).

순서 1(상대방의 지식이나 이해도 수준을 파악한다)의 방법 2(진단 평가)라면, '상대방이 틀린 문제의 수준보다 난이도가 높은 것'과 '목표점'까지의 격차가 설명에 필요한 요소임을 파악할 수 있다. 그 격차에 초점을 맞춰 설명하면 된다.

예를 들어, 오른쪽 표와 같이 Q1~Q20의 문항이 상대방에게 이해시키려는 내용이라고 하자. 진단 평가에서 Q1~Q10 문항까지 출제했다고 가정하고, 목표점은 Q18 수준으로 설정했다고 하자.

이때 상대방의 테스트 평균이 80%, 즉 지식이나 이해 수준이 Q8 정도라면 이어질 설명은 Q9~Q18 문항을 중심으로 하면 된다. 모든 설명이 이런 식으로 원활하게 진행되지 않더라도 대략 이런 이미지라는 것을 아는 것만으로도 확연히 달라진다.

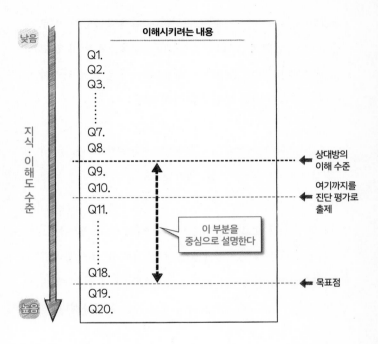

아는 것도 다시 한 번 짚어 주자

상대방이 이미 어느 정도의 지식이나 이해도 수준에 이르렀을 때도 설명에 요령이 필요하다. 상대방이 이미 알고 있는 지식이더라도 설명의 흐름에 따라 꼭 짚고 넘어가야 할 때는 다음과 같은 화법이 효과적이다.

○○에 대해서는 여러분도 잘 알고 있으리라 생각합니다. 하지만 원래 이런 것은 ××라고 생각하지 않나요?

'원래 당신이 알고 있는 내용이지만 다시 한 번 짚어본다'는 어조로 대전제를 넣어 질문을 하면 효과적이다. 상대방이 여럿이면서 지식이나 이해도 수준에 차이가 있을 때 필요한 기술이다. 인공지능을 다시 예로 들어 설명하겠다.

지금까지의 컴퓨터와는 달리 인공지능은 인간이 직접 데이터를 입력하지 않아도 스스로 정보를 얻어 꾸준히 학습할 수 있다는 사실을 많은 분들이 알고 있을 겁니다. 이를 기계학습이라고 하는데, 데이터를 입력하지 않아도 컴퓨터 스스로 정보를 축적할 수 있다니 신기하지 않나요?

이처럼 이해시키려는 지식이나 정보 그리고 상대방의
수준을 고려하면서 대전제에 대한 의문을 던져 상대방의
머릿속에 문제의식을 만드는 것도 좋다. 상대방이 이미 알
고 있는 내용이더라도 전제 부분에서 모르는 게 있거나 지
식이 필요하다는 사실을 깨닫게 하는 것도 설명의 중요한
역할이다.

우리는 어떻게 기억하는가?

주제에서 빗나간 이야기이지만, 기억의 메커니즘에 관해
핵심만 간추려 보충 설명하겠다.
　교육심리학에서 자주 다뤄지는 내용으로, 기억에는 단
기기억과 장기기억이 있다. 새롭게 받아들인 정보(지식)를
계속 유지하고 사용하려면, 단기기억으로 잠깐 저장된 정
보를 장기기억 쪽으로 옮기는 과정이 필요하다. 장기기억
으로 옮기기 위해서는 그 정보를 이해하고 반복 사용해야

하는데(이 과정을 '정밀화 리허설'이라고 한다), 이 과정을 거친 정보는 장기기억으로 옮겨져 지식으로 보존된다.

　장기기억은 다시 서술적 기억과 절차적 기억으로 나뉜다. 서술적 기억은 사실의 기억이며 이것은 또 의미기억과 에피소드기억으로 나뉜다. 의미기억이란 '고양이는 포유류의 일종이다' 같은 지식이고, 에피소드기억이란 '작년에 상사와 함께 저녁을 먹었다' 같은 경험을 반영한 지식을 말한다. 절차기억이란 자동차 운전 방법 같은 지식이다.

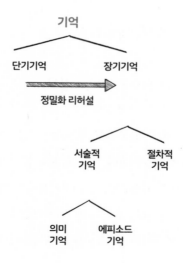

기억력을 90% 끌어올리는 공부법

최근 들어 교육계에서 자주 언급되는 '액티브 러닝Active Learning'을 들어 본 적 있는가? 액티브 러닝이란 '주체적 학습' 혹은 '능동적 학습'을 뜻한다. 교사가 일방적으로 설명하는 지금까지의 획일적 강의 형태와 달리 수업 중에 프레젠테이션이나 그룹 토론, 조사와 체험 등을 도입해 진행하는 학습이다.

액티브 러닝의 목적은 학생의 기억 정착률을 높이고 깊이 있는 이해로 이끄는 것이다.

액티브 러닝으로 어떻게 기억률을 높이고 깊이 있는 이해를 할 수 있을까? 의아해하는 분도 있을 테니 간단하게 설명해 보겠다.

94쪽의 그림은 '학습 피라미드'다. 이 그림에서 알 수 있듯 지금까지의 획일적 수업, 즉 단순히 강의를 듣거나 책을 읽는 것만으로는 기억의 정착률이 턱없이 낮다. 반면 학습 활동을 그룹 토론이나 체험학습으로 바꾸면 기억의 정착률은 비약적으로 높아진다.

그중에서 '타인을 가르치는' 액티브 러닝 활동은 기억의

액티브 러닝

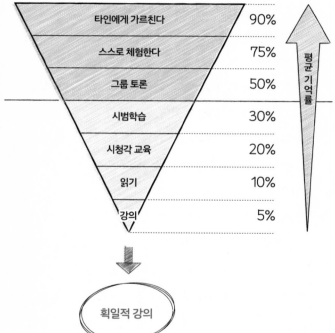

타인에게 가르친다	90%
스스로 체험한다	75%
그룹 토론	50%
시범학습	30%
시청각 교육	20%
읽기	10%
강의	5%

평균 기억률

획일적 강의

정착률을 평균 90%만큼 높인다. 다른 사람을 가르치는 행위로 자신의 머릿속 정보가 한차례 정리되면서 기억에 더 잘 남기 때문이다. 여러 번 암기하지 않아도 되니 매우 효과적인 기억법이라 할 수 있다.

사실 학습 피라미드가 모든 사람에게 해당된다고는 생각하지 않는다. 숫자가 지나치게 정돈되어 있고 연구논문의 증거도 불충분하다.

하지만 교육현장에서 피부로 느낀 바로는 강의를 수동적으로 받기만 하는 학생보다 친구끼리 서로 가르쳐 주는 학생이 확실히 기억의 정착률이 높았다. 그래서 나는 학생들에게 "확실히 기억하고 싶다면 친구가 이해할 수 있을 때까지 설명하세요"라고 말한다. 설명 실력이 늘수록 지식이 당신 안에 깊이 정착되는 것도 설명의 메리트다.

즉시 효과를 볼 수 있는 한마디

· ○○를 알고 있습니까?

· ○○에 관해 당신이 알고 있는 것을 가르쳐 줄 수 있나요?

길 안내를 해 보자
익숙한 습관으로 설명력이 쑥쑥!

"도쿄타워에서 가장 가까운 출구로 나와서 왼쪽으로 꺾은 다음 도쿄타워 쪽으로 와. 고층빌딩이 많은 쪽으로 오면 오른쪽에 식당이 몇 개 있는데, 그 길로 쭉 오면 돼."

어느 날 친구와 도쿄타워에서 만나기로 하고, 먼저 도착한 친구가 나에게 길 안내를 한 내용이다. 친구에게는 말하지 않았지만, 솔직히 설명을 들어도 전혀 알 수 없었다. 설명을 할 때는 항상 상대방의 시선에서 설명하고, 상대방이 모를 수 있는 지식(예를 들면 큰길 명칭 등)은 최대한 사용하지 않고 숫자 정보를 섞어 전하는 것이 중요하다. 다음과 같이 설명하면 상대방의 입장에서 길을 안내했다고 말할 수 있지 않을까.

"1번 출구로 나와서 바로 왼쪽으로 꺾은 다음 2~3분 정도 걸으면 첫 번째 교차로가 나와. 거기서 다시 왼쪽으로 꺾으면 언덕이 보이는데 그 언덕을 올라가면 오른쪽에 도쿄타워가 보일 거야."

길 안내는 쉽고 정확하게 설명하는 요령을 익히는 데 최적의 훈련 방법이다.

제 4 강

IKPOLET

Purpose
목적을 제시한다

3단계 : 목적을 제시한다 Purpose

"지금 하는 운동은 상완이두근을 이렇게 만들기 위해서예요. 힘들어도 이 모습을 상상하며 열심히 하세요."

피트니스 센터의 트레이너가 내게 한 말이다.

트레이너는 울룩불룩한 근육질의 남성이었다. 근육질 몸이 나의 운동 목표는 아니었지만, 상완이두근을 단련하려면 이런 힘든 동작이 필요하다는 사실을 깨달았다.

'아, 이 동작은 여기 근육을 사용하는구나.'

그런 생각을 하며 운동을 하다 보니 적당히 했던 덤벨 올리기나 팔굽혀펴기 방식도 점차 바뀌었다.

운동을 할 때든 설명을 할 때든 '무엇을 위해 하는가?'라는 의문이 들 때가 있다. 이때 트레이너처럼 "지금 하는 운동은 ○○을 잘하기 위해서입니다"라는 설명을 들으면 단순히 의욕을 넘어 훈련 자체를 깊이 있게 생각하게 된다. 목적을 이해한 결과 행동에 대한 이해가 급격히 깊어지는 것이다.

이번 강의에서는 쉽고 정확하게 설명하는 법 3단계인 '목적Purpose'을 이야기하겠다. 상대방을 확실히 이해시키려면 반드시 목적과 의의를 전달해야 한다. 사람은 목적 없이는 진정한 의미의 이해를 하기 힘들다. 목적을 알아야 비로소 그 내용을 확실히 이해했다고 할 수 있다.

본론에 들어가기 전에 '왜 설명에 목적을 꼭 넣어야 하는지' 그 목적에 대해 이야기하겠다. 말하고 보니 뭔가 어색한 표현이지만!

목적은 '이해의 나침반'이다

이과 출신인 나는 고등학교 시절 문과 과목을 무척 싫어했다. 그중에서도 고전 수업은 수업 시간이 끝나기만을 오매불망 기다릴 정도로 지루하기 짝이 없었다.

'왜 옛날 사람이 쓴 고루한 문장을 읽어야 하나?'

수업 때마다 든 생각이었다. 그런데 사회인이 되어 일이 뜻대로 풀리지 않았을 때 그렇게 싫어했던 고전이 큰 도움이 되었다.

마키아벨리의 『군주론』, 세네카의 『인생이 왜 짧은가』, 제아미의 『풍자화전』(일본의 전통 예능 노能를 집대성한 예능인

제아미世阿彌가 저술한 최초의 노 이론서) 등등 일일이 꼽을 수 없지만 명저라 일컫는 고전에서 나는 일에 관한 힌트를 많이 얻었다.

오늘날까지 전해지는 고전은 인간의 보편적 진리를 꿰뚫은 것이 많아 배울 점이 많다. 나는 사회생활을 하면서 비로소 고전의 훌륭함과 고전을 배우는 의의를 알았다.

물론 학교에서 배우는 고전이 모든 일과 매번 직결되지는 않는다. 하지만 만일 고등학교 시절에 고전 선생님이 "고전은 인간의 보편적 진리를 이해하기 위한 귀중한 지적 유산이다" 하고 고전을 배우는 목적과 의의를 먼저 설명했더라면 훨씬 흥미를 갖지 않았을까 하는 생각을 종종 한다. 분명 수업도 더 진지하게 들었을 것이다. 어쩌면 진로와 인생이 바뀌었을지도 모른다.

여러 문헌을 조사해 봤더니, 원래 사람은 '무엇을 위해'라는 목적을 의식하지 않으면 뇌의 정보 흡수율이 오르지 않는다고 한다. 목적이 없으면 뇌는 정보를 얻으려 하지 않는 게으름뱅이가 되는 것이다.

따라서 당신이 상대방을 이해시키려면 그 설명에는 목적, 즉 무엇을 위해 이해해야 하는지가 들어 있어야 한다.

입시학원 첫 수업 시간 때마다 내가 학생들에게 꼭 전하는 말이 있다.

내가 수업을 하는 목적은 여러분의 성적을 올리는 데 있습니다. 이것이 최우선입니다. 이 교실에 있는 누구나 원하는 대학에 합격하고 싶겠지요. 그래서 나는 여러분의 성적 향상을 최우선으로 하는 수업을 고집합니다. 그것만큼은 약속합니다. 단, 그 외의 것은 두 번째라고 생각해 주세요.

엄격한 말로 들리겠지만, 상대방에게 앞으로 설명할 내용의 목적을 처음부터 각인시키지 않으면 결과적으로 서로 불행해진다.

목적을 간과하거나 말하지 않고 설명을 하면 상대방은 당신의 의도대로 움직여 주지 않을 것이다. 그 행위를 하거나 지식을 습득해야 하는 목적과 의의를 설명할 때 상대방은 무엇을 어떻게 할지 명확히 이해하고 가장 효과적인 수단을 마련할 수 있다.

상대방은 당신이 생각하는 것보다 설명의 목적과 의의를 스스로 알아채지 못한다. 일찌감치 목적과 의의를 명확히 전해야 설명하기가 쉬워진다. 목적과 의의는 '이해의 나침반'이다.

목적과 수단을 혼동하지 마라

상대방에게 설명할 때는 목적과 수단을 각각 구분하되 연동해서 전하는 것이 중요하다. 그래야 상대방이 제대로 이해하고 행동에 옮길 수 있다.

이것의 목적은 ○○이기 때문에 그 목적을 이루려면 ●●를 해야 한다.

물론, 수단 같은 건 스스로 생각해 내야 한다는 엄격한 지도자도 있다. 내 말 역시 학생들에게 목적을 위한 수단을 늘 제시해야 한다는 뜻은 아니다. 하지만 핵심이라고 할 수 있는 '이해'가 빠져 버린다면, 설명의 본래 목적인 '가치 있는 성과를 낸다'는 것은 무척 어렵다.

하나하나 자상하게 설명한다고 상대방이 이해할 수 있

는 게 아니기 때문에 "이것이 목적이고 이것이 수단이야" 하고 목적과 수단을 하나하나 개별적으로 설명해야 한다. 목적과 수단을 혼동하면 사고가 곁길로 빠져 이해에 이르는 데 한참의 시간이 걸릴 것이다.

그 대표적 예가 수험생의 문제집 사용법이다. 문제집이란 원래 원하는 대학에 합격할 수 있는 점수를 얻기 위해 그 과목의 출제 경향이나 풀이법을 익히는 것을 목적으로 한 '수단'의 하나다. 하지만 매일 공부를 하다 보면 아무래도 근시안적으로 보게 되고, 어느덧 눈앞의 문제집을 완벽히 푸는 것만이 목적이 되는 일이 벌어진다.

"선생님 문제집에 실린 문제를 완벽하게 풀려면 어떻게 해야 하나요?"

나는 종종 이런 질문을 받는데 수단과 목적을 착각해서 비롯된 질문이다.

대학입학시험을 준비할 때는 기출문제를 풀어 입시 경향을 파악하고, 그로부터 현재 자신의 과제를 찾아내야 한다. 그런데 어째서인지 문제집을 완벽하게 마무리할 때까지 기출문제는 풀지 않겠다며 이해하기 힘든 태도를 보이는 수험생이 의외로 많다.

문제집은 자기가 지원할 대학에 합격할 만한 점수를 얻기 위한 수단에 지나지 않는데, 이상하게 수단이 목적이 되어 우선해야 할 기출문제 연습을 소홀히 하는 것이다.

수험 공부의 목적은 '자기가 지원하는 대학에 합격하기 위한 점수를 얻는 것'일 뿐 그 이상도 이하도 아니다. 이것을 이해하지 못한다면 비효율적인 행동을 계속하거나 행동 자체를 할 수 없게 된다.

솔직히 말해 수험 공부는 재미없다. 수험생 대부분이 공부를 고통으로 받아들인다. 하지만 수험 공부가 자신의 가능성을 넓힐 기회임을 확실히 인식하면, 자아실현을 위한 하나의 수단으로 받아들일 수 있다. 일단 받아들이면 사람은 의외로 열심히 하게 된다.

나는 지금까지 의대 진학이 목적인 학생들을 수없이 담당했는데, 그들에게 늘 이런 말을 잊지 않고 했다.

지금 눈앞의 영어나 수학은 지루합니다. 화학과 물리도 지루하고 따분하겠죠. 하지만 말입니다. 의사국가고시 평균 합격률은 대략 90%예요. 이 말은 의대에 들어가 국가고시를 치르면 대부분 의사가 될 수 있다는 뜻이죠.

나는 그들이 지금 당면한 수험 공부는 동경하는 의사가 된다는 목적을 위한 하나의 수단임을 강조한다. 먼저 본래의 목적을 정확히 제시하고 눈앞에 있는 수단의 본질적인 가치를 확실히 인식시킨다.

극단적인 이야기지만 1년간 죽을힘을 다해 공부하면 90%는 의사가 될 수 있다. 숫자가 그것을 증명하고 현재 의사로 일하는 지인들도 그렇게 말한다. 물론 의사로서의 견식과 기술을 익히는 것이 전제되었을 때의 이야기다.

목적과 수단은 함께 말하되, 각각 독립적으로 설명하면 상대방의 이해도를 훨씬 높일 수 있다. 이때의 목적은 의의라고 바꿔 말해도 좋다. 이해시키려는 내용의 의의를 확실히 설명해서 상대방이 '무엇을 위해 이 일을 하는가?'라고 스스로 의심해 버릴 위험을 피하자.

목적과 수단의 관계

목적과 수단의 관계를 좀 더 깊이 파고들어 보자.

목적과 수단은 '계층 구조'의 관계다. 상대방에게 설명하려는 내용의 상위 계층을 목적이라고 한다면, 설명하려는 내용의 하위 계층은 수단이라고 할 수 있다. 목적과 수단은 상대적이다. 비교했을 때 비로소 목적과 수단이 확정되는 것이다.

수험생이 의대에 지원하는 목적이 의사가 되기 위해서라고 하자. 이것을 바꿔 말하면 의대에 지원하는 것은 의사가 되기 위한 하나의 수단이라고 할 수 있다. 또 의대에 지원하기 위한 수단으로 화학 점수를 높이는 방법도 있다. 이처럼 의대 지원이 때에 따라서는 목적이 되기도 수단이 되기도 한다. 목적과 수단이 상대적이라는 말은 이런 뜻에서 한 말이다.

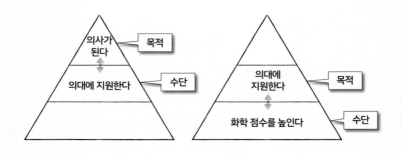

2단 구조의 설명에 익숙해지면, 다음에는 상대방에게 이해시키려는 내용의 상위 계층을 목적, 하위 계층을 수단으로 하는 3단 구조로 설명해 보자. 아래 그림과 같이 의대에 지원하는 목적은 의사가 되기 위해서이고, 그 수단은 화학 점수를 높이는 것이다. 이렇게 목적과 수단의 관계를 생각해 설명하면 당신의 설명 능력은 단번에 확대될 것이다.

목적의 한 단계 위에는 '진짜 목적'이 존재하기도 한다.

예를 들어, 의사가 된다는 목적의 한 단계 위에 '의료 사각지대에 공헌해 의사가 부족하지 않은 사회를 만드는 것'이라는 목적이 생겼을 때다. 나는 최상위에 있는 목적을 진짜 목적이라 부른다. 기업의 이념이나 비전이 진짜 목적

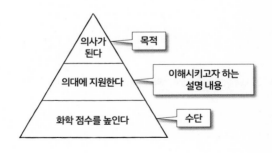

이라 할 수 있다.

　설명을 할 때 진짜 목적을 공유하느냐 안 하느냐에 따라 상대방의 이해도에 큰 영향을 줄 수 있다. 내 경험에 비춰 보면, 진짜 목적을 공유하지 않은 채 진행한 회의에서는 근시안적이고 방향이 빗나간 아이디어만 나와 논의가 전혀 정리되지 않곤 했다. 회의에서의 아이디어 창출은 목적을 달성하기 위한 하나의 수단이다. 그리고 목적이 확실하고 서로의 이해가 이어졌을 때 비로소 멋진 아이디어 즉, 수단을 낳을 수 있다. 사람이든 조직이든 확실한 목적이 존재한다면 그 외에는 모두 수단이 된다.

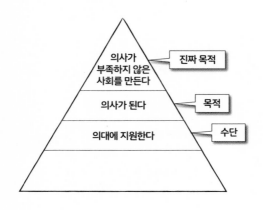

수단에 대한 설명을 소홀히 하지 않는다

이제 제4강의 마지막이다. 여기서는 수단의 사고방식을 명확히 이야기해 보겠다.

모든 일이 그렇지만 목적과 의의만으로는 성과가 나오지 않는다. 현장에서 성과를 올리려면 구체적인 행동으로 직결되는 행동 지침이나 노하우 등의 수단이 반드시 필요하다. 현실 세계에서 사람은 '구체적으로 움직이지' 않으면 성과를 얻을 수 없다. 의대에 들어가야 하는 목적을 이해했더라도 공부를 하지 않으면 그 목적을 달성할 수 없다는 뜻이다. 또 성적을 올리려면 학습법과 문제 푸는 법도 익혀야 한다.

즉, 어떤 목적의 성과를 이루려면 구체적인 행동으로 직결되는 수단까지 상대방에게 제시해야 한다. 행동으로 옮기지 않으면 성과를 얻을 수 없기 때문이다. 따라서 목적과 수단은 함께 말하되 각각 독립적으로 설명하자. 문제집 사용법이라면 '반드시 참고서와 병행한다', '6개월 이내에 일차 풀이를 끝낸다', '날짜를 기입한다' 등등 수단도 반드시 함께 설명에 넣는다.

수단을 설명할 때는 '구체화'를 의식해야 한다. 제7강에서 구체화를 자세히 다룰 예정이지만 짧게 언급하자면, 구체성이야말로 행동의 열쇠라고 할 수 있다.

목적은 아무래도 머릿속에서 희미해지거나 모호해지기 쉽다. 그러면 구체적인 행동(수단)으로 이어지기 어렵다. 이를 막기 위해서는 목적을 종이에 써서 가시화하거나 명확하게 언어화해 상대방의 머릿속에 몇 번이고 반복되도록 만들어야 한다. 그러면 상대방이 목적의 수단(구체적인 행동)을 떠올리기 쉬워진다.

한 프로야구 선수는 타격 연습을 할 때 항상 투수가 던진 공을 친다는 생각으로 배트를 휘두른다고 한다. 무작정 배트를 휘두르는(수단) 게 아니라, 투수가 던진 공을 친다는 목적을 의식해야 실제로 좋은 스윙이 몸에 밴다. 목적이 명확해야 수단(구체적인 행동)이 정착되기 쉽고 행동에도 변화가 일어난다. 이것이야말로 진정한 의미의 학습이다.

그럼 이번 강의를 마무리하는 의미에서 이 책 『일 잘하는 사람은 알기 쉽게 말한다』를 우리가 배운 목적과 수단에 맞춰 말해 보겠다.

이 책의 목적은 당신에게 '쉽고 정확하게 설명하는 포맷'

을 익히게 하는 것이다. 주요 수단은 '이 책을 확실히 이해 시키는 것', '권말에 있는 IKPOLET법 노트를 작성해 대본 을 만드는 것', '그것을 현장에서 실천해 보는 것'이다. 꼭 이 책을 수단으로 활용해 당신의 목적을 이루기 바란다.

계속해서 쉽고 정확하게 설명하는 법 4단계 'Outline: 큰 틀을 제시한다'를 살펴보자.

즉시 효과를 볼 수 있는 한마디

· 원래 ○○의 목적은 … 그래서 하는 것입니다.

· ○○(목적)을 위해 ●●(이해의 대상)를 이해하는 것입니다. 그러려면 XX(수단)을 하면 됩니다.

아이에게 공부를 가르쳐 보자
익숙한 습관으로 설명력이 쑥쑥!

상대방이 당신의 설명을 확실하게 이해하고, 나아가 행동이 변화했다면 그 설명에는 큰 가치가 있었다고 볼 수 있다.

상대방이 바로 행동으로 옮길지 말지는 논외로 하고, 행동으로 이어질 정도까지 당신의 설명이 상대방에게 받아들여졌다는 점에서 분명 가치 있는 설명일 것이다. 가치 있는 설명은 상대방에게 없었던 새로운 지식 체계를 만들어 주고, 행동에 변화를 줄 가능성을 비약적으로 높여 준다.

예를 들어, 당신이 아이에게 공부를 가르친다고 하자.

"어제, ●와 ■와 ▲는 서로 이어져 있다고 가르쳐 줬지? 방금 가르쳐 준 ★도 사실 ●, ■, ▲와 전부 이어져 있어."

이때 당신의 설명으로 지금까지 아이의 머릿속에서 뿔뿔이 흩어져 있던 지식이 정리된다. 이를 계기로 아이는 아웃풋(행동)이 쉬워지고 보다 많은 문제를 풀 수 있을 것이다.

제 5 강

IKPOLET

Outline
큰 틀을 제시한다

4단계 : 큰 틀을 제시한다 Outline

지금부터 ○○에 관해 이야기하겠습니다.

지금 이야기하는 ○○는 전체 중에 이 부분에 해당합니다.

상대방이 전혀 모르는 내용을 설명할 때 '○○에 관해' 혹은 '전체 중에 이 부분에 해당한다'는 정보를 미리 알려주면 상대방은 다음에 이어질 이야기를 훨씬 수월히 들을 수 있다. 들을 준비가 되어 있거나 뇌가 들을 태세를 갖추게 되는 것이다.

이번 강의에서는 큰 틀 Outline에 대해 이야기해 보자.

큰 틀을 설명에 넣는 데는 두 가지 목적이 있다.

목적 1 이해시킬 범위를 명확히 한다.

목적 2 전체를 조감하게 한다.

첫 번째 목적은 상대방에게 이해시키려는 것이 '애초에 무엇에 관한 설명인지' 그 영역을 제시하기 위해서다. 영역을 명확히 하면 상대방은 자신이 '서 있는 위치'를 확실히 인지한다. 머릿속에 당신이 설명할 내용의 윤곽도 또렷해진다. 다음과 같이 설명을 시작하는 경우를 생각해 보자.

지구 환경은 많은 문제를 안고 있습니다. 온실가스, 오존층 파괴, 대기오염….

환경 문제가 큰 주제이지만 그래도 조금 막연하다. 이 설명을 바꿔 보자.

고등학교 화학에서는 다양한 종류의 기체를 배웁니다. 기체는 지구 환경에 큰 영향을 끼치죠. 예를 들면, 온실가스, 오존층 파괴, 대기오염….

이처럼 '고등학교 화학' 또는 '기체' 등 전체적인 설명의 틀을 제시하는 키워드를 서두에 꺼내면 상대방은 과학 이야기라는 인식을 갖고 설명을 들을 수 있고, 어느 영역에서 이해해야 하는지 머릿속으로 이미지를 그릴 수 있다.

'지금부터 설명하려는 내용은 이 영역'이라고 설명할 내용의 윤곽을 명확히 제시하자. 그러면 아마 상대방의 머릿속에서 설명을 이해하려는 준비가 마무리될 것이다.

나무 말고 숲을 봐야 하는 이유

두 번째 목적은 이해시키려는 내용의 전체상을 상대방이 직접 그려볼 수 있도록, 즉 조감할 수 있도록 하기 위해서다. 조감이란 '높은 곳에서 새가 내려다보듯 전체를 한눈에 관찰한다'는 뜻이다. 새의 눈을 가지면 이해할 대상의 전체상을 파악할 수 있다.

조감할 수 없다면 아무래도 사물을 근시안으로 볼 수 있다. 결국 사고나 이해의 폭이 좁아진다.

또한, 조감할 수 있는지 없는지는 이해 수준뿐 아니라 이

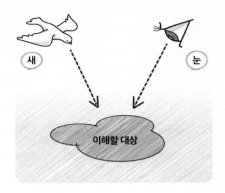

새
눈
이해할 대상

해 속도에도 영향을 미친다. 조감할 수 없는 상대방(예를 들면 학생)과 조감할 수 있는 자신(예를 들면 교사), 양측의 시점에 격차가 생기면 같은 지식을 공유하려고 해도 서로 바라보는 방향이 달라 진정한 공유가 힘들어진다.

수험 영역에서 이야기해 보자. 수험생은 공부해야 할 과목이나 단원이 너무 많아 매일 하는 공부에서 그 과목이 어느 정도의 위치에 놓여 있는지 놓치기 쉽다.

이때 '숲'이라는 전체상과 학생의 현위치를 가르쳐 주기만 해도 이해시키려는 목표점까지의 거리와 코스가 명확해진다. 그러면 공부 능률도 오르고 목표점까지의 거리가 급격히 줄어들 수 있다.

나는 학생에게 과목을 조감하는 습관을 심어 주기 위해 공부 전에 교재 목차를 먼저 보게 한다. 수험 공부라고 해도 각 과목에는 선인들이 만든 학문 체계라는 지도가 존재한다. 그리고 교재 목차에는 연간 커리큘럼 혹은 학기 중에 다루는 단원이나 테마가 실려 있다. 학생은 공부를 시작하기 전 이 지도만 확인해도 그날 자신이 공부해야 할 위치를 파악할 수 있다. 결과적으로 다음에 학습할 내용의 이해도와 속도가 향상된다.

이것을 계속 반복하면 상대방은 전체 안의 부분을 강하게 인식할 수 있다. 반대로 항상 부분만 보는 사람은 눈앞의 좁은 테마를 이해하는 데 사로잡혀 근시안의 공부를 하기 쉽다. 결국 '그런데 여기서 중요한 것은 무엇일까?', '대체 지금 어디까지 공부를 한 건가?' 이런저런 잡념이 생겨 불안에 빠지기 쉽다.

전체상을 조감하지 못하면 시간과 노력에 엄청난 손실이 생긴다.

쉽고 정확하게 설명하는 법 3단계 'Purpose: 목적을 제시한다'를 기억하는가? 기껏 목적을 파악했더라도 큰 틀에서 설명하지 못한다면 이해하는 과정에서 큰 혼란이 생겨 버린다. 퍼즐 조각 하나하나만을 보며 맞추면 완성에 이르기까지 엄청난 시간이 걸리지만, 완성된 퍼즐 전체를 보고 그것을 머리에 그리며 조각을 끼워 넣으면 금세 맞추는 것과 같은 이치다. 이렇듯 큰 틀을 공유하면 상대방은 새로운 정보의 영역을 명확히 깨닫고 전체상을 조감할 수 있다.

조감할 수 없다   조감할 수 있다

두 가지 큰 틀

설명에 큰 틀을 담는 방법은 두 가지다.

   ① 집합(전체와 부분)
   ② 시계열時系列(진척)

집합은 큰 틀(아웃라인)에서 '틀(프레임)'에 해당하는 설명 방법으로 다음 문장과 같다.

지금부터 ○○에 관해 이야기하겠습니다.

시계열은 '큰 틀(아웃라인)'에서 '선(라인)'에 해당하는 설명 방법으로 다음 문장과 같다.

오늘 이야기하는 ○○는 전체 흐름 중 ××부분입니다.

틀과 선 두 가지를 필요에 따라 설명에 넣으면 상대방의 이해력은 단숨에 올라간다.

큰 틀 1 – 집합

범위가 확실한 것들을 한군데로 모은 것을 '집합' 그리고
집합을 구성하는 하나하나를 '요소'라고 한다. 집합은 고등
학교 수학에 등장하는 개념이지만 어렵게 생각할 필요는
없다. 그냥 '무언가가 모인 것' 정도로 생각하자.

 '전체와 부분'을 구체적으로 설명하는 방법에는 두 가지
가 있는데, 아래 그림과 같이 A(상대방이 가진 지식)와 B(새
로운 정보)가 부분과 전체 관계에 있을 때다.

 첫 번째 경우는 B(새로운 정보)가 A(상대방이 가진 지식)의
일부일 때다.

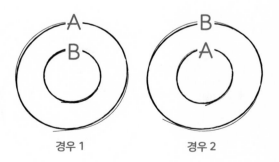

경우 1   경우 2

'집합'이라는 큰 틀은 분류의 개념을 사용하면 매우 효과적이다. 요즘 내가 푹 빠져 있는 고양이를 예로 들어 설명하겠다.

A가 고양이(상대방이 가진 지식)이고, B가 고양이의 한 품종인 래그돌(새로운 정보)이라고 하자. 즉, 샴이나 페르시안 등 다양한 종류의 고양이 집단(A) 안에 래그돌(B)이라는 고양이가 존재한다.

따라서 래그돌(B)을 상대방에게 확실히 이해시키려면 래그돌이 얼마나 귀여운지 장황하게 늘어놓기보다 먼저 래그돌이 고양이(A)의 한 품종임을 되도록 빠른 단계에서 전해야 한다.

두 번째 경우는 A(상대방이 가진 지식)가 B(새로운 지식)의

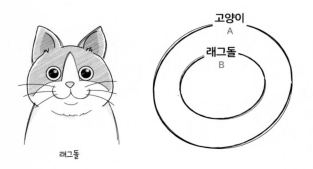

래그돌

일부인 경우다. 예를 들어 A가 아메바(상대방이 가진 지식), B가 원생생물(새로운 지식)이라고 하자.

아메바의 명칭은 다들 들어 봤지만, 아메바(A)와 원생생물(B)의 연관성을 정확히 이해하는 사람은 많지 않다. 아메바는 원생생물이라는 전체의 일부다. 상대방에게 원생생물을 설명한다면 상대방이 이미 알고 있는 아메바를 사례로 들어 그 연관성을 전체와 부분으로 전하면 된다. 이 설명 방법은 제3강에서 이야기한 '지식Knowledge'을 사용하고 있으며, 제7강에서 전할 '구체화Embodiment'와도 이어진다.

마지막으로 A(상대방이 가진 지식)와 B(새로운 정보)가 얼핏 연관성이 없어 보일 경우다. 이때 A와 B의 연관성을 알기 쉽게 전하는 요령을 한 가지 소개하겠다.

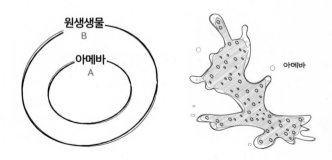

A와 B를 새로운 프레임(C라고 하자)으로 묶어 설명하는 방법이다. 이때 C라는 새로운 프레임은 기본적으로 상대방이 갖고 있는 지식이어야 한다.

예를 들어, A가 홍옥(상대방이 가진 지식), B가 켄트의 꽃(새로운 정보)이라고 하자. 이때 B를 이해시키려면 C는 '사과'라는 프레임을 사용하면 된다.

켄트의 꽃을 알고 있는가? 명칭만 보면 꽃의 일종으로 생각하기 쉽지만, 사실 켄트의 꽃은 꽃이 아니다. 홍옥과 같은 사과 품종의 하나다.

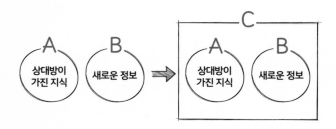

이렇게 설명하면 사과라는 프레임으로 켄트의 꽃과 홍옥의 연관성을 바로 이해할 수 있다. 뉴턴이 사과가 떨어지는 모습을 보고 만유인력을 발견했다는 일화에 등장하는 사과가 바로 '켄트의 꽃'이다. 그리고 이미 눈치챘겠지만 방금 전의 설명 방식은 뉴턴이나 만유인력처럼 대부분의 사람들이 이미 알고 있는 지식에 접근하는 방법이다.

큰 틀 2 - 시계열

이번 강의의 마지막 시간에는 두 번째 큰 틀 '시계열'을 설명하겠다. 시계열은 시간축을 이용한 설명 방법으로 상대방을 깊이 있게 이해시키는 데 효과적이다.

예를 들어, 공장에서 공장장이 "지금 하는 작업 공정은 전체 공정 중 어디까지 진행되었는가?" 하고 질문했다고 하자. 이때 시계열을 사용해 진척 상황을 알려 줄 수 있다.

전체 10개의 공정 중 7번째 공정까지 왔습니다.

이렇게 설명하면 상대방은 머릿속에서 전체 공정의 흐름을 그릴 수 있다.

앞에서 조감에 대해 이야기할 때, 나는 학생들에게 공부에 들어가기 전 교과 과정이나 교재 목차를 살펴보게 한다고 언급한 바 있다. 시계열의 관점에서 교과 과정이나 교재 목차를 설명한다면 학생들에게 공부 흐름을 선명하게 각인시킬 수 있다. 그럼 마지막으로 시계열을 적용해 이 책『일 잘하는 사람은 알기 쉽게 말한다』를 설명해 보겠다.

설명 예

이 책에서 전하는 내용(부분)은 쉽고 정확한 설명(영역)을 위한 포맷(틀)이다. 이 설명 포맷의 명칭은 IKPOLET법이고, 총 7단계로 구성되어 있다(전체). 이번 강의에서 소개한 '큰 틀' 은 IKPOLET법 중 4단계다(아래 그림의 덧칠 부분).

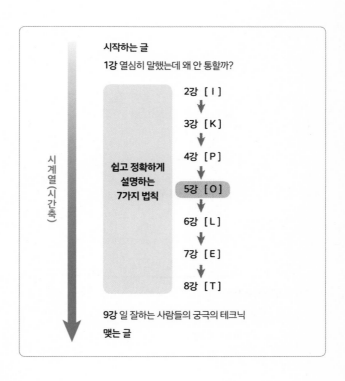

이처럼 큰 틀의 두 가지 방법 '집합'과 '시계열'을 설명에 넣기만 해도 상대방은 전체를 보면서 이해도를 쑥 끌어올릴 수 있다.

다음은 쉽고 정확하게 설명하는 법 5단계 'Link: 연결한다'를 살펴보자.

즉시 효과를 발휘하는 한마디

· ○○는 XX중에 여기에 위치하고 있습니다.

· 전체 흐름 중에 ●●는 이쯤입니다.

제 6 강

IKPOLET

Link

연결한다

5단계 : 연결한다Link

○○와 ●●가 이런 연관이 있다는 사실을 알고 있나요?

본래 사람이라는 생물은 연결되는 것을 매우 좋아한다.

'이 둘의 관계를 알고 싶다!'라는 감정은 사람이 본능적으로 추구하는 욕구다. 이런 욕구는 제1강에서도 언급한 '이해하다'의 메커니즘으로도 설명할 수 있다.

사람은 뇌 속에 새로운 신경회로가 생기거나 그 회로가 강화되면 '이해했다'고 느낀다. 그 순간 도파민 등의 쾌락 물질이 뇌에 방출되어 쾌감을 얻는다. 사람이란 본능적으로 연결되고 싶어 하는 생물인 것이다. SNS나 모바일 메신저 등의 플랫폼도 사람의 '연결되고 싶은' 욕구를 한껏 이용한 시스템이다.

이번 강의에서는 쉽고 정확하게 설명하는 법 5단계 '연결한다Link'를 이야기해 보겠다.

연결한다는 IKPOLET법 전체 단계 중 핵심이라 할 수 있다. '연결'이란 당신이 설명하는 새로운 정보(지식)를 어떤 정보(지식)와 잇는 행위다. 그 기술적 방법은 2단계의

'상대방의 지식이나 인식에 접근한다Knowledge'와 맥락이 비슷하다. 단, 이것은 설명 초입에 '어떻게 하면 원활하게 설명에 들어갈 수 있을까?'를 목적으로 하기 때문에 상대방이 지닌 지식에만 초점을 맞춘다.

반면 5단계 '연결한다Link'는 상대방의 지식을 이용하는 것은 물론, 모든 연결고리를 동원해 상대방을 확실히 이해시키는 기술이다. 연결에는 네 가지 유형이 있다.

유형 1　인과관계 : 원인과 결과
유형 2　메커니즘 : A의 구조는 B다.
유형 3　귀납법 : 제각각인 것을 어떤 규칙으로 정리한다.
유형 4　주변 지식 : 주변 지식으로 설명의 빈틈을 메운다.

연결의 네 가지 유형을 필요에 따라 설명에 넣으면 상대방의 이해도는 눈에 띄게 향상된다.

교육심리학자 존 빅스와 캐서린 탕은 함께 쓴 책 『대학에서 양질의 학습을 위한 교육Teaching for Quality Learning at University』에서 학생들을 '깊은 학습'으로 이끄는 특징적인 동사 열 가지를 뽑았다.

여기서 '깊은 학습'이란 '확실히 이해시키기 위한 학습'이
라고 봐도 무방하겠다.

① 돌아본다.

② 동떨어진 문제에 적용한다.

③ 가설을 세운다.

④ 원리와 묶는다.

⑤ 익숙한 문제에 적용한다.

⑥ 설명한다.

⑦ 논한다.

⑧ 연관 짓는다.

⑨ 핵심을 이해한다.

⑩ 기술한다.

열 가지 동사 중 ④번과 ⑧번은 이번 강의 주제 '연결한
다'에 해당되는데, 이를 통해 상대방을 확실히 이해시키
려면 연결이 무엇보다 중요하다는 사실을 알 수 있다.

그럼 이제부터 첫 번째 유형인 '인과관계'를 살펴보자.

유형 1 – 인과관계 : 원인과 결과

인과관계란 A라는 원인으로 B라는 결과가 일어나는 것을 뜻한다.

　○○가 된 것은 ××가 원인입니다.

　그 원인 중 하나는 ○○입니다.

　인과관계를 넣어 설명하면 위와 같은 전달 구조가 된다. 인과관계는 시계열 구조로 'A(원인)→B(결과)'의 형태다. 인과관계는 쉽고 정확하게 설명하기 위한 가장 간단하고 효과적인 방법이다. 원인을 알고 싶어 하는 상대방의 감정에 집중해 설명하면 특히 효과가 더 좋다.

　인과관계를 설명에 넣을 때는 시간축이 중요하다. 원인은 과거로 결과는 미래로, 시간축이 겹치지 않도록 의도적으로 조정해서 넣어야 한다.

　'지적 CAI Computer Assisted Instruction'라는 것이 있다. 4차혁명시대에 자주 언급되는 인공지능AI과 유사한 시스템을 사용한 학습지원 시스템의 하나다. 지적 CAI는 나의 연구

대상 중 하나인데, 인공지능의 발달과 함께 지적 CAI도 최근 들어 급속한 발전을 이뤘다.

인공지능의 발달을 상대방에게 설명한다고 하자. 이때 인과관계를 사용해 설명을 시도할 경우, '왜 지금에 와서 인공지능이 급격히 발달하게 되었는가?'라는 근본 원인부터 전해야 한다.

사람은 단순 노동에서 더는 일의 보람을 느낄 수 없어 그런 일은 기계에 맡기고 싶어졌습니다.

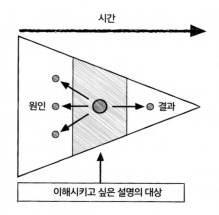

이 설명도 나쁘지 않지만, 인공지능의 발달과는 살짝 관련이 적어 보인다. 다음과 같은 설명은 어떨까.

인공지능이 발달한 최대 요인은 인공지능의 학습에 필요한 빅데이터(방대한 정보)를 구축할 수 있는 하드웨어와 인터넷이 급속도로 발달했기 때문입니다.

이쪽이 훨씬 피부에 와닿지 않을까. 인공지능 스스로 학습 교재를 대량으로 저장할 수 있고, 또한 인터넷으로 연결되어 정보의 공유가 가능해졌다. 이런 설명이라면 설득력이 높아져 상대방도 쉽게 이해할 것이다.

물론 인공지능의 발달 원인이 이뿐만은 아니겠지만, 인과관계에서는 시계열에 따라 가능한 한 직접적이고 관련성 높은 것을 우선해서 고르는 것이 중요하다. 원인과 결과의 거리가 가까운 것부터 설명하는 것이다.

"사람은 더는 단순 노동에 보람을 느낄 수 없어 그런 일은 기계에 맡기고 싶어졌다"보다는 "인공지능의 학습에 필요한 빅데이터를 구축할 수 있는 하드웨어와 인터넷이 급속히 발달했기 때문"이라는 설명이 머리에 잘 들어오고 이해하기 쉽다. 후자와 비교했을 때 전자는 원인과 결과의 거리가 멀기 때문이다.

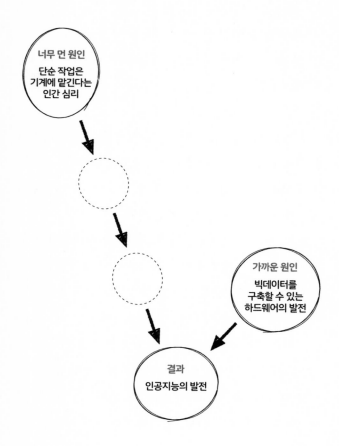

유형 1 '인과관계'에서 또 하나 주의할 점은 '원인관계'와 '상관관계'가 뒤섞이지 않도록 하는 것이다. 상관관계란 'A가 변했을 때 B도 변한다'는 것으로, 인과관계와 상관관계는 아래 그림과 같은 형태라고 할 수 있다.

예를 들면, 지구 온난화(평균기온 상승)와 함께 인공지능이 발달(보급률 상승)하므로 이 두 가지는 일단 확실한 상관관계에 있다. 그렇다면 지구 온난화와 인공지능의 발달이 인과관계에 있다고 말할 수 있을까? 당연히 답은 "아니요"다. 상관관계에 있는 것만으로는 어느 한쪽이 다른 한쪽의 원인이 되지 않는다.

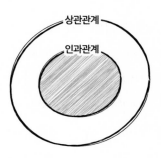

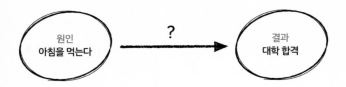

원인
아침을 먹는다

?

결과
대학 합격

또 다른 예로 '아침밥을 먹으면 대학에 합격하기 쉽다'고 가정해 보자.

이것은 어떤 의미일까? 아침밥을 먹는 것과 대학 합격에는 어떤 상관이 있을까? 두 가지 시선에서 생각해 보자. 첫째는 너무 먼 인과관계로, 아침밥을 먹는 것(원인)과 대학 합격(결과)의 거리가 먼 경우(혹은 상관성이 희박한 경우)다.

두 번째는 아침밥을 먹는 것과 대학 합격에 공통으로 '규칙적인 생활습관'이라는 다른 원인이 존재하는 경우다. 이때 아침 식사와 대학 합격은 단순 상관관계가 된다.

어떤 경우든 상대방에게 쉽고 정확하게 설명하려면 '아침밥을 먹으면 대학에 합격하기 쉽다'는 내용을 인과관계 형태 그대로 전하면 안 된다. 인과관계를 넣은 설명에서는 상관관계만 아니라 직접적인 원인과 결과의 상관성을 정

시점 1 너무 먼 인과관계

시점 2 공통의 진짜 원인이 있다

시점 1:
- 원인: 아침을 먹는다
- 뇌에 필요한 당질을 보충할 수 있다
- 오전에 공부 효율이 오른다
- 학력 향상
- 결과: 대학 합격

시점 2:
- 가짜 원인: 아침을 먹는다
- 진짜 원인: 규칙적인 생활 습관
- 결과: 대학 합격

확하고 알기 쉽게 전해야 한다.

　더욱이 인과관계를 설명에 넣을 때는 '문맥'에 맞게 넣어야 한다. 내용이 기술 관련인지 사회 정세인지에 따라 '인공지능의 발달'의 설명에 들어갈 인과관계도 당연히 달라진다. 문맥은 IKPOLET법 3단계 '목적Purpose'과 4단계 '큰틀Outline'로 결정되는데 '무엇을 위해, 어떤 영역에서 설명을 전개할지'가 확정되면 문맥의 방향을 잡을 수 있다.

　설명할 내용이 어떤 결과를 도출할지 함께 설명한다면 상대방의 이해의 폭은 훨씬 넓어진다. '원인'을 넣은 설명의 시간축이 과거라면, '결과'를 넣은 설명의 시간축은 미래다.

　인공지능의 발달을 다시 예로 들어보자. 옥스퍼드대학교 연구보고서에는 인공지능의 발달로 "앞으로 10~20년 후에는 오늘날의 직업 중 50%가 사라진다"는 내용이 거론되어 있다. 인공지능이 발달한 결과, 현재의 직업 절반이 사라지는 사태가 벌어진다는 것이다.

　그것이 현실이 될지는 논외로 하고, 인공지능이 발달한 미래의 모습을 그리듯 설명함으로써 현재의 인공지능 발달을 더 실감 나고 확실하게 이해시킬 수 있다.

유형 2 - 메커니즘 : A의 구조는 B다

유형 2는 설명에 메커니즘을 넣는 방법이다.

메커니즘이란 쉽게 말하면 원리와 구조다. 상대방을 확실히 이해시키려면 당신이 전하는 새로운 정보(지식)의 메커니즘을 설명하는 것이 효과적이다.

메커니즘이 들어간 설명은 유형 1의 인과관계와 달리 시간축을 옮길 필요가 없다. 다소의 시간축 이동은 가능하지만, 기본적으로 시간이 정지되어 있다.

어린 시절에 '왜 물과 기름은 분리될까?'라는 의문을 가져 본 적 없는가? 이 메커니즘을 푸는 설명을 해 보자.

초등학교 1학년 무렵이었다. 물을 넣은 컵에 주방에서 가져온 식용유를 따르고 젓가락으로 한참 저었는데, 물 위로 바로 기름이 떠오르고 절대 섞이는 법이 없었다.

물과 기름이 분리되는 메커니즘을 본격적으로 설명하기 전에 먼저 '물에 녹는다는 것은 어떤 의미인가?'라는 메커니즘부터 살펴보자.

물을 부은 컵에 각설탕을 넣는다고 하자. 원래 물과 설탕은 분자라는 작은 입자로 이뤄져 있는데 이 둘의 성분은 매우 상성이 좋다. 그래서 설탕 분자는 물 분자와 결합해 물속으로 뿔뿔이 흩어진다. 이것이 설탕이 물에 녹는 메커니즘이다.

기름도 작은 분자로 이뤄져 있는데, 설탕과는 달리 기름 분자는 물 분자와 상성이 나쁘다. 자세한 설명은 생략하고, 결론적으로 물 분자는 기름 분자와 결합하지 않기 때문에 기름 분자는 물속에서 뿔뿔이 흩어질 수 없다. 그래서 물과 기름은 분리되는 것이다.

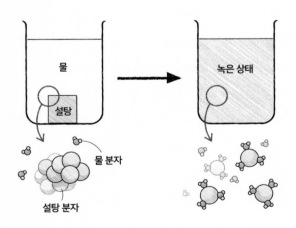

나는 화학 과목을 담당하는 터라 특히 이런 화학 메커니즘을 학생들이 이해하기 쉽도록 설명 기술을 적절히 구사하는 편이다.

　'페트병을 얼리면 터지는 메커니즘', '수소와 산소로 전기자동차가 달리는 메커니즘', 'DNA 검사로 살인범이나 친자를 특정할 수 있는 메커니즘' 등 그 원리를 밝힐 소재는 얼마든지 있다.

　화학에 한하지 않아도 된다. 과학이라는 학문은 메커니

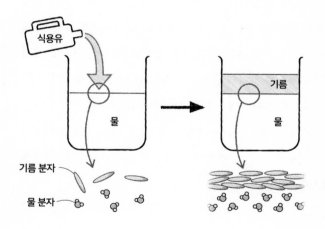

즘의 보고다. 시중에는 과학을 쉽고 재미있게 풀이한 책이
많이 나와 있다. 굳이 과학 소재가 아니더라도 책을 참고
해 메커니즘의 설명 기술을 쌓아 보자.

유형 3-귀납법 : 제각각인 것을 어떤 규칙으로 정리하다

'연결한다'의 세 번째 유형 '귀납법'에 대해 이야기해 보자.

귀납법을 들어는 봤지만 왠지 어려워 보인다. 본래 귀납
법은 '개개의 구체적 사실이나 원리에서 일반적인 명제 및
법칙을 유도해 내는 방법'으로 추상화抽象化의 하나다. 제각
각의 요소를 하나의 규칙으로 정리한다고 보면 좋겠다.

귀납법은 과학에서 자주 사용하는 기법이다.

중학교 이과 실험을 떠올려 보자. 동판과 철판을 알전구
가 달린 도선으로 연결해 식염수에 넣으면 전기가 발생해
알전구에 불이 켜진다.

같은 요령으로 동판과 알루미늄판, 납판과 철판의 조합
을 각각 식염수에 담가도 역시 알전구는 점등한다. 이 결

과에서 '식염수에 두 종류의 다른 금속을 넣으면 전기가 흐른다'는 법칙을 발견할 수 있다. 이것이 귀납법이다.

귀납법은 상대방이 가진 지식과 비슷한 수준의 새로운 정보를 이해시킬 때 편리하다.

D군이 실수로 휴대전화를 물에 빠트린 경험(상대방이 가진 지식)이 있다고 하자. 이과 교사인 당신이 운석이 떨어지는 구조(새로운 정보)를 학생들에게 설명할 때, D군의 경험(휴대전화를 물에 빠트린 경험)과 운석이 떨어지는 구조를 묶어서 '공중에 있는 물건은 받치는 것이 없으면 지면으로 떨어지게 마련'이라는 만유인력의 법칙을 설명할 수 있다.

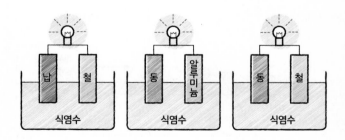

D군이 휴대전화를 떨어뜨려 물에 빠트린 것도, 영화 《아마겟돈》에서 운석이 떨어진 것도, 모두 만유인력의 법칙에 따른 현상입니다.

이처럼 상대방의 지식과 비슷한 수준의 새로운 정보를 귀납법으로 연결해 보자. 어떤 규칙이나 법칙으로 상대방의 지식과 새로운 지식을 묶을 수 있다면 그것을 설명에 적극적으로 도입해야 한다.

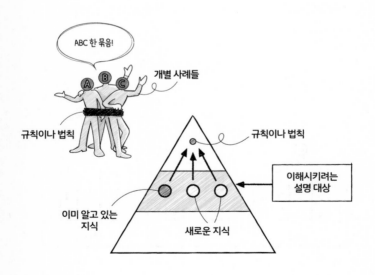

유형 4 - 주변 지식 : 주변 지식으로 설명의 빈틈을 메우다

'연결한다'의 네 번째 유형은 이해시키려는 내용의 '주변 지식'을 설명에 담는 방법이다.

상대방에게 확실히 이해시키려는 내용을 핵심으로 보고, 그 핵심을 둘러싼 지식을 주변 지식이라고 하자. 성 주위를 둘러싼 해자를 메운다는 느낌으로 주변 지식을 설명의 주변부에 하나하나 쌓아 빈틈없이 메우는 것이다.

이것과 비슷한 이야기로는 ○○○가 있습니다.

설명에 주변 지식이 들어가면 당신의 설득력과 상대방의 이해도는 급격히 상승한다. 연두벌레를 설명할 때 주변 지식을 담는다면 어떨까.

설명 예 1

연두벌레는 '유글레나'라고 불리는 단세포 생물이다. 유글레나의 명칭은 '아름답다eu+눈glena'에서 유래했는데, 세포 속에 있는 분홍색 원

모양의 세포핵이 특징이다.

연두벌레는 편모를 사용해 운동하지만, 같은 단세포 생물 짚신벌레(동물)와는 달리 엽록체를 갖고 있어 광합성을 할 수 있기 때문에 '동물과 식물의 중간'으로 본다. 또한 영양소가 풍부해 건강보조식품이나 쿠키 반죽에 쓰이기도 한다. 이즈모 미츠루 박사가 설립한 유글레나라는 기업에서는 유글레나를 바이오 연료로 사용하는 연구도 진행 중이다.

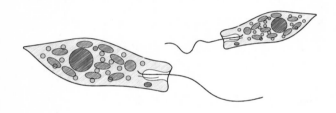

이처럼 연두벌레를 생물학적으로만 이야기하지 않고, 명칭의 유래나 짚신벌레와의 비교, 기업명으로 사용되는 사례 등 연두벌레와 관련된 알기 쉬운 정보를 들어 '지식의 네트워크화'를 만드는 것이 주변 지식의 본질적 기능이다.

주변 지식을 설명에 넣는 방식에는 '종적 전개'와 '횡적 전개' 두 가지가 있다.

종적 전개란, 이를테면 배경 지식을 설명에 담는 것이

다. 배경 지식은 어원이나 역사 배경 등 겉으로 드러나지 않는 본질적 정보를 말한다. 어떤 키워드를 설명할 때 그 키워드 자체의 어원이나 사회 정세 같은 역사 배경을 함께 설명하면 상대방의 이해도는 훨씬 깊어진다.

예를 들어, 이 책의 밑바탕이 되는 '가르치다'라는 키워드를 확실히 이해시키기 위해 주변 지식을 넣어 설명해 보겠다.

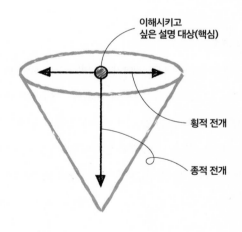

이해시키고
싶은 설명 대상(핵심)

횡적 전개

종적 전개

설명 예 2

'가르치다'의 영어 표현은 'educate'다. 'educate'의 어원은 '밖으로 e+(능력을)끌어duc+내는ate'이다. 즉, '가르치다'의 본질은 '상대방(학생)의 능력을 끌어내어 잘 사용하게 하는 것'임을 알 수 있다. 가르친다는 행위가 가르치는 쪽의 일방적 행위가 아니라 상대방이 존재해야 성립된다는 사실을 증명하는 것이다.

또 다른 예로 '이야기하다'라는 키워드를 주변 지식을 넣어 설명해 보겠다.

설명 예 3

'이야기하다'의 명사형인 '이야기'의 영어 표현은 'story'다. 'story'는 역사history에서 유래되었다(정확히는 history의 어원인 라틴어 historia에서 유래했다). 즉, 이야기의 본질은 역사와 마찬가지로 '시간축을 정확히 더듬는 것이 대전제이며 인과관계를 명시하기 위한 것'이라고 해석할 수 있다. '이야기하는' 행위는 시간축을 따라 명확한 인과관계를 표현하는 기술임을 알 수 있다.

한편, 횡적 전개란 같은 수준(계층)에서의 주변 지식을 설명에 넣는 것이다. 종적 전개에서 예로 든 '가르치다'를 횡적 전개로 설명해 보겠다. 횡적 전개는 비슷한 수준의 유사어를 비교해서 상대방의 이해도를 높일 수 있다.

설명 예 4

'가르치다'라는 동사를 영어사전에서 찾으면 'educate' 외에 'teach', 'train', 'instruct' 등이 있다. 여러 단어의 의미를 비교해 보자.

teach: '가르치다'를 의미하는 가장 일반적 단어로 주로 학교에서 지식이나 기술을 가르칠 때 사용한다.

educate: 학교에서 장기적으로 폭넓게 지식을 부여하면서 사람을 교육한다는 의미로 쓰인다.

train: 집중적으로 훈련해 특정 기능을 확실히 이해시킨다는 의미다.

이처럼 똑같이 '가르치다'를 뜻하더라도 목적이나 상황에 따라 다르게 쓰일 수 있다.

설명에 주변 지식을 활용할 때 유의할 점은, 주변 지식이 너무 많으면 오히려 핵심이 모호해질 수 있다는 점이다. 설명의 핵심이 보이지 않을 정도로 주변 지식을 담아 버리면 오히려 이해가 떨어지고, 상대방은 당혹스러워할 수

있다. 제4강과 제5강에서 이야기한 목적Purpose이나 큰 틀
Outline이 핵심에서 벗어나 생기는 일이다.

주변 지식을 연결해 설명한다면 어디까지나 내용을 깊
이 이해하게 하는 것이 목적임을 잊지 말자. 익숙하지 않
을 때는 꼭 설명해야 할 내용의 20% 정도로 주변 지식을
넣으면 실수를 피할 수 있다.

이어서 쉽고 정확하게 설명하는 법 6단계 'Embodiment,
Example, Evidence: 구체적인 사례와 증거를 제시한다'를
살펴보자.

즉시 효과를 발휘하는 한마디

- ●●의 유래가 된 이유는…. / ●●가 되었습니다. 그 이유는….
- 원래 ●●의 어원은….(귀납법)
- ●●의 구조는… 입니다. / ●●는 이런저런 원리로….
- ●●를 더 파고들면….
- ●●로부터 이야기를 넓히면….

IKPOLET

Embodiment, Example, Evidence

구체적인 사례와 증거를 제시한다

6단계 : 구체화, 사례, 증거를 제시한다

Embodiment, Example, Evidence

· 이 책은 알기 쉬운 설명의 형식을 알려 준다.

· 이 책은 '누구나 사용할 수 있는 설명의 법칙을 소개하므로' 알기 쉬운 설명의 형식을 알려 준다.

갑작스러운 질문이지만 어느 쪽이 더 이해하기 쉬운가? 차이점은 '누구나 사용할 수 있는 설명의 법칙을 소개하므로'라는 문구가 있느냐 없느냐다.

두 번째 설명이 길어도 더 알기 쉽지 않은가? 그 이유는 무엇일까? 두 번째 설명이 첫 번째 설명에 비해 구체적이기 때문이다.

이번 강의에서는 위의 예처럼 단어 하나, 문장 하나를 덧붙여 당신의 설명을 훨씬 알기 쉽게 만드는 기술을 이야기하겠다. 쉽고 정확하게 설명하는 법 6단계에는 세 개의 'E'가 등장한다. 여기서 'E'는 구체화Embodiment, 사례Example, 증거Evidence의 머리글자다.

이 책의 핵심인 '쉽고 정확한 설명'에서 가장 큰 장애물이자 관건은 어려운 내용을 상대방에게 얼마나 알기 쉽게 설명하느냐다. 나 역시 학생들의 입시 지도를 하면서 특히 의식적으로 익히려고 했던 기술이다.

초등학교에서 중학교, 고등학교로 진학할수록 이과 과목의 난이도는 점점 높아진다. 외워야 할 지식의 양도 늘어나지만, 그 이상으로 내용이 추상적이어서 뚜렷한 이미지로 그리기 쉽지 않다.

막연하고 추상적인 내용을 알기 쉽게 설명하려면 상대방의 머릿속에 구체적인 이미지를 그려 줘야 한다. 이때 큰 효력을 발휘하는 것이 구체화, 사례, 증거다. 이 세 가지는 상대방을 이해시키거나 머릿속에 구체적인 그림을 그리게 하는 힘이 있다. 그럼 하나씩 살펴보자.

구체화

구체화란 추상적인 것을 실제 형태로 보여 주는 행위다. 막연한 것을 머릿속에 그림을 그릴 수 있는 수준까지 구현하는 것이다.

앞에서 소개한 『대학에서 양질의 학습을 위한 교육』을 떠올려 보자. '깊은 학습'으로 이끄는 열 가지 동사 중 ⑤번 '익숙한 문제에 적용한다'가 구체화에 해당한다.

구체화의 놀라운 점은 뭐니 뭐니 해도 추상도 높은 법칙이나 규칙처럼 막연한 내용을 상대방의 머릿속에 영상이 떠오를 정도로 그려 이해 속도를 급격히 높인다는 점이다.

'질량보존의 법칙'을 설명한다고 하자. 기억할지 모르겠지만 중학교 이과 과정에 나오는 내용이다.

질량보존의 법칙은 추상도 높은 과학 법칙 중 하나다. 이 법칙을 "화학 변화 전후에도 물질의 질량의 총화는 변화하지 않는다"고 설명하면 대부분의 사람들은 이해하기 어려워한다.

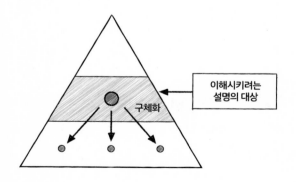

이해시키려는
설명의 대상

구체화

질량보존의 법칙을 구체화해서 설명해 보겠다.

뚜껑을 덮은 병 안에 마그네슘을 태우는 실험을 한다고 했을 때, 뚜껑을 덮은 병과 마그네슘의 무게 합이 100g이라고 하자. 이때 병 안에 든 마그네슘에 불을 붙여 태운다. 완전히 태운 후 병의 무게를 측정하면 결과는 100g 그대로다. 마그네슘이 타서 다른 매체가 되어도 뚜껑을 덮은 병의 무게는 변함이 없다는 사실을 알 수 있다.

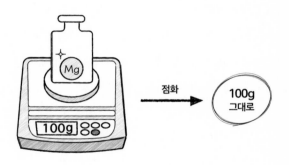

어느 정도 화학 상식이 있는 사람이라면 이 실험 결과를 당연하다고 생각할 것이다. 하지만 추상도 높은 법칙을 처음 배울 때는 역시 구체화하지 않으면 이미지가 쉽게 그려

지지 않아 이해하기 어렵다.

이 실험을 경험한 사람이라면 알겠지만, 불이 붙은 마그네슘은 병 속에서 엄청난 빛을 내뿜고 퍼석퍼석한 흰 재로 변한다. 겉모습은 바뀌었는데 병 속 무게는 전혀 변하지 않았다는 실험 결과에 학생들은 의아할 것이다. 이처럼 실제 사례를 들어 구체적으로 설명하면, 원리나 법칙 같은 추상적인 내용을 확실히 이해할 수 있다.

구체화를 응용한 것이 연역법이다. 연역이란 '일반적이고 보편적인 법칙이나 사실에서 개별의 것을 측정해 결론을 도출하는' 것이다. 제6강에서 등장한 귀납법과는 정반대의 개념이다. '이미 알려진 원리나 법칙을 구체적인 것으로 이끌어내는 기술'이라고 생각하면 된다.

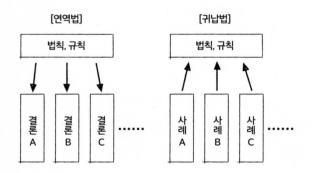

'멘델의 법칙'을 예로 들어 설명하겠다. 멘델의 법칙이란, 유전에 관한 과학 법칙의 하나로 중고등학교 생물 수업에서 배우는 매우 중요한 과학 법칙이다.

멘델의 법칙에는 '두 개의 다른 유전자를 보유한 경우, 한쪽의 형질(성질이나 특징)이 나타난다'는 우성의 법칙이 있다. 우성의 법칙을 ABO식 혈액형에 적용해 생각해 보자.

각 혈액형이 지닌 유전자는 아래 그림과 같다.

혈액형	유전자의 조합
A형	AA 혹은 AO
B형	BB 혹은 BO
O형	OO만
AB형	AB만

이때 A와 B는 유전자 O에 대해 우성(형질이 나타나기 쉬운)이라고 전제한다.

천재 예술가 레오나르도 다빈치의 혈액형은 AB형(유전자AB), 그의 작품 〈모나리자〉의 모델로 추정되는 리자 조

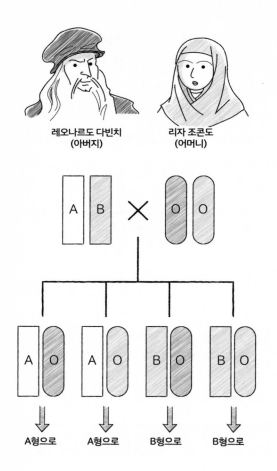

레오나르도 다빈치
(아버지)

리자 조콘도
(어머니)

A형으로   A형으로   B형으로   B형으로

콘도의 혈액형은 O형(유전자 OO)이라고 하자.

가령 레오나르도 다빈치와 리자 조콘도 사이에 아이가 생겼을 때 아이의 혈액형은 어떻게 될까?

이것을 멘델의 '우성의 법칙'을 사용해 예측해 보자. 옆의 그림을 보면 아이의 혈액형은 A형 또는 B형이 될 확률이 각각 50%다. 즉, 레오나르도 다빈치와 리자 조콘도 사이에 두 명의 아이가 태어났다면, 확률적으로 한 명은 A형, 다른 한 명은 B형이 될 것이다.

사례

·예를 들어서….

·실제로 있었던 일인데….

사례란 '전례가 되는 사실이나 각각의 경우에 관한 실제 예'를 말한다. 설명을 할 때 위의 예시문처럼 현실에서 일어났던 일을 넣는 방식이다. 사례 역시 구체화와 마찬가지로 상대방의 머릿속에 이미지를 그려 넣는 데 안성맞춤인 설명 기술이다.

예를 들어, '플레밍의 왼손 법칙'을 설명한다고 하자.

전류가 자기장에서 받는 힘의 방향은 전류와 자기장의 방향과 수직이므로 왼손 중지를 전류 방향, 검지를 자기장 방향으로 했을 때 엄지가 가리키는 방향이 힘의 방향이 된다.

플레밍 법칙의 사례를 소개해 보겠다.

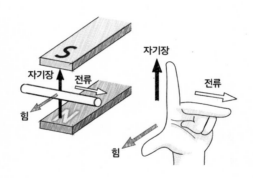

설명 예

플레밍의 왼손 법칙을 이용한 대표 사례가 모터다. 모터는 자기장에서 받는 힘으로 코일을 회전시켜 동력을 얻는 장치. 이 모터의 구조를

최대한 활용한 것이 자기
부상열차다.

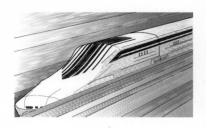

　자기부상열차는 자기
로 발생한 힘을 이용해
차체를 띄워 주행한다(더
큰 동력을 얻기 위해 실제로는 코일 대신 전자석을 사용한다).

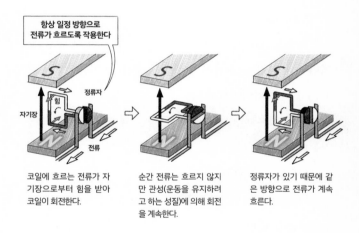

항상 일정 방향으로
전류가 흐르도록 작용한다

자기장　　힘　　정류자

전류

| 코일에 흐르는 전류가 자기장으로부터 힘을 받아 코일이 회전한다. | 순간 전류는 흐르지 않지만 관성(운동을 유지하려고 하는 성질)에 의해 회전을 계속한다. | 정류자가 있기 때문에 같은 방향으로 전류가 계속 흐른다. |

　플레밍의 왼손 법칙처럼 막연한 내용을 상대방에게 알
기 쉽게 설명하려면, 현실 세계에서 그것을 직접 사용하고
있는 사례(자기부상열차)를 전하면 매우 효과적이다.

증거

이제 쉽고 정확하게 설명하는 법 6단계 '구체적인 증거와 사례를 제시한다'의 마지막인 '증거'를 살펴볼 시간이다. 증거란 '확실하게 설명할 수 있는 사실의 근거'를 뜻한다.

일상생활에서도 증거라는 말은 흔히 쓰인다.

"이것이 증거입니다."

"증거는 있습니다."

추리소설이나 재판 현장에서 자주 등장하는 문구다. 알리바이나 흉기 사용 같은 범행을 증명하는 데 판단 자료가 되는 것이 증거이기도 하다.

증거의 힘은 실로 대단해서 설명할 때 엄청난 설득력을 갖는다.

"그 말 그대로입니다."

"이것을 제시하면 더는 다른 말을 하지 못할 겁니다."

증거는 상대방에게 이해시키려는 내용이 확실하다고 믿게 하는 절대적 힘이 있다. 증거란 누가 봐도 동일하게 파악할 수 있는 객관적 사실이기 때문이다.

예를 들면, 병 안에 든 마그네슘을 태워도 전자저울의 수

치는 변함이 없다는 실험 결과는 질량보존의 법칙을 나타
내는 훌륭한 증거다.

상대방을 이해시키려면 그것을 증명할 '움직일 수 없는
증거'를 평소 의식적으로 저장해 둘 필요가 있다.

나는 움직일 수 없는 증거로 삼기 위해 의식적으로 '일차
정보'를 저장해 둔다. 일차 정보란 '손대지 않은 원형 그대
로의 정보'를 뜻한다. 손대지 않은 만큼 증거로서의 가치가
높다. 특히 다음 두 종류의 일차 정보는 꼭 저장하기를 바
란다.

① 공공기관이 제시한 데이터(특히 수치)
② 자신이 경험한 실제 체험이나 현장 정보

신뢰성 높은 공공기관이 제시한 데이터, 특히 수치 데이
터는 자주 이용하는 편이다. 내 직업의 성격상 교육 관련
이나 세무 관련 기관 데이터를 수시로 확인한다. 공적인
일차 정보는 국가라는 필터를 한 번 거쳤기 때문에 증거로
서의 객관성이나 신뢰성이 어느 정도 담보되어 괜찮다.

실제 체험 정보도 매우 중요하다. 현장에서 일어난 일은

분명한 사실이기 때문이다. 그 해석에는 주의가 필요하지만, 지금까지 일관되게 현장주의 교육을 실천한 나에게 교육현장에서의 경험은 중요한 증거가 되었다. 실제 체험한 사실을 제대로 저장해 놓으면 언젠가 설명할 때 분명 중요한 증거가 될 것이다.

세 가지 E를 한 가지 설명에 모두 담으면 내용이 너무 방대해진다. 상대방의 이해도를 최우선으로 고려해서 어느 하나를 이해 수준이나 설명 시간에 맞춰 적절히 넣는 편이 좋다.

이제 드디어 IKPOLET법의 마지막 7단계 'Transfer: 전이한다'에 대해 알아볼 시간이다.

증거는 충분해.
범인은 바로 당신이야!

즉시 효력을 발휘하는 한마디

- 구체적으로 말하면…
- 예를 들면…
- …라는 움직일 수 없는 증거가 있습니다.

●

제 8 강

IKPOLET

Transfer

전이한다

7단계 : 전이Transfer

사실 이 개념은 다른 설명에도 적용할 수 있습니다.

하나를 이해했는데 그것을 다른 설명에도 적용할 수 있다면 그것은 굉장한 이득이 아닐까? 먼저 손에 넣은 1이 2도 3도 될 수 있다. 이른바 지렛대 효과다.

설명을 듣는 입장에서도 다시 이해해야 할 수고가 줄어들어 좋은 일이다. 이번 강의에서는 쉽고 정확하게 설명하는 법 마지막 7단계 '전이Transfer'를 이야기해 보겠다.

한 번 배운 것이 그다음 배움에도 영향을 줄 수 있다는 것, 즉 전이할 수 있다는 것은 이미 익힌 지식이나 개념을 다른 상황에서 활용할 수 있다는 뜻이다. 반대로 당신이 한 설명을 상대방이 전혀 다른 상황에서 사용한다면, 당신의 설명이 상대방의 설명에 전이를 일으킨 것이라고 할 수 있다.

나는 전이야말로 쉽고 정확하게 설명하는 법이 최종적으로 도달해야 할 종착지라고 생각한다.

사람이 사람에게 설명할 수 있는 횟수에는 한계가 있다.

시간은 제한적이기 때문에 가능한 한 짧은 설명으로 더 많이 이해시키는 일은 정보가 넘치는 요즘 시대에 큰 가치를 발휘한다.

깊이 생각하지 않더라도 귀에 쏙쏙 박히는 단 한 번의 설명만으로 상대방이 다른 상황에서 그 지식과 정보를 활용할 수 있다면 설명할 수고가 줄어 한결 편해질 것이다. 말하는 쪽도 듣는 쪽도 이상적인 방식이다.

내가 설명 기술 중에 가장 중요하게 생각하는 기술 역시 전이다. 강의를 할 때나 책을 쓸 때도 꼭 염두에 둔다. 입시학원 강사 시절에는 학생이 '문제 푸는 기술'을 전이할 수 있도록 수업 내용을 궁리하곤 했다. 강의 시간에 풀어 본 문제가 실제 입시에서 똑같이 출제되지는 않더라도 문제 푸는 기술은 그대로 사용해 풀 수 있기 때문이다.

단순히 학생들이 그 문제를 이해하고 풀 수 있는 정도로 만족해서는 안 된다. 문제 푸는 기술을 유사문제에도 적용할 수 있도록 재현성과 범용성을 겸비하게 해야 한다. 나는 하나의 문제를 풀 때 유사문제 최소 열 개를 풀게 했다. "하나를 가르치면 열을 안다." 이것이 쉽고 정확하게 설명하는 법의 종착지라고 생각한다.

앞에서 소개한『대학에서 양질의 학습을 위한 교육』을 다시 떠올려 보자. '깊은 학습'으로 이끄는 열 가지 동사 중 ②번 '동떨어진 문제에 적용한다'가 이 책의 전이에 해당한 다. 그럼 전이의 구조로 들어가 보자.

전이는 어떻게 일어나는가?

전이에 관한 수많은 학술연구가 이뤄지고 있다. 여기서는 세밀한 이야기는 접어 두고 전이가 일어나는 흐름을 간략 하게 설명하겠다.

전이는 다음 두 단계로 진행된다.

1단계 앞으로 설명할 '새로운 정보'나 '상대방의 지식'을 추상화 한다.

2단계 추상화한 것을 다른 상황에 구체적으로 적용한다.

당신이 설명할 새로운 정보나 상대방의 지식을 추상화 한 다음, 그 정보와 지식을 다른 상황에서 구체적으로 적용

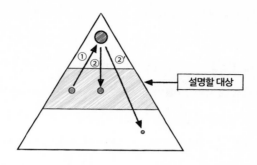

설명할 대상

하는 방식으로 전이를 일으킬 수 있다. 위의 그림처럼 피라미드의 하나 위층으로 올라갔다가 다시 원래 층 혹은 그 아래층으로 내려가는 이미지를 떠올리면 쉽다.

사무 업무 중 대표 잡무인 '복사해서 배부하는' 활동을 전이를 사용해 생각해 보자. '복사해서 배부하는' 단순한 활동을 추상화하면 '정보를 복제해서 다른 사람과 공유하는 것'이라고 정의할 수 있다.

'정보를 복제해서 다른 사람과 공유하는 것'을 복사의 목적으로 본다면(추상화) 드롭박스나 구글독스를 써서 사원들 간에 정보를 공유하고 인터넷으로 열람하는 행위(구체화)도 같은 목적이라 볼 수 있다. 이것이 바로 전이다.

전이의 가치

문제해결력을 전이의 시점에서 이야기해 보자.

앞에서도 이야기했지만 나는 화학 수업에서 학생들이 문제를 풀 때 전이를 할 수 있도록 이끌어 주고 있다. 문제 풀이처럼 좁은 범위에서 일어나는 전이를 나는 '가까운 전이'라고 부른다. 한편 더 광범위하게 걸친 전이의 경우는 '먼 전이'라고 부른다.

사실 나는 '먼 전이'에 더 가치가 있다고 생각한다. '먼 전이'는 해당 과목을 초월해 다른 과목, 나아가 일상생활이나 비즈니스에도 적용할 수 있기 때문이다.

'복사해서 배부하는' 활동을 다시 예로 들어 전이의 원근을 알아보자. '드롭박스나 구글독스를 사용하는' 활동은 비교적 가까운 전이라고 할 수 있는데, 이것을 가족 간의 사적인 활동으로 전이해 보자.

앞의 활동을 '정보를 복제해서 다른 사람과 공유하는 것'으로 추상화하고 다시 가족 그룹 채팅 창으로 구체화한다. 채팅 기능을 이용해 집에 부족한 식자재나 물품 등을 기재하고, 가족 중 누군가가 부족한 물품을 사서 채우는 식의 활동으로 이어진다면 가족 내 업무 효율화를 이끌 수 있다.

'복사해서 배부하는' 활동을 깊이 이해한다면 상상도 하지 못한 상황으로 전이가 가능해진다. '정보 공유를 위한 효율화'를 비즈니스 상황의 생산성 향상에 그치지 않고, 사적으로도 적용해서 '복사해서 배부하는' 활동의 가치를 높일 수 있다.

공부를 예로 들어보겠다. 나의 수험생 시절을 돌이켜 봤을 때, 문장 독해는 전이의 좋은 예였다. 수험생 시절 나는 영어 성적이 낮았고, 특히 장문 독해는 거의 득점을 못했다. 그래서 영어 독해 공부에 상당한 시간을 들였고, 다행히 점차 독해 요령을 익혀 조금씩 점수를 올릴 수 있었다.

나는 영어 독해 공부에는 시간을 들였지만 국어 공부는 계속 뒤로 미뤘다. 시험 이외에는 별로 필요하지 않은 과목이라 좀처럼 공부할 의욕이 나지 않았던 것이다. 그런데 웬일인지 국어 성적이 쑥쑥 올랐다.

'난 문과 체질인가 봐. 문과로 바꾼다면 지금이야. 장래 노벨문학상 후보?' 한순간 이런 착각이 들 정도였다.

특별한 이유는 없었다. 그저 영문 독해 공부로 익힌 독해 기술이 무의식중에 국어에도 전이된 것이었다. 대학입학시험에 출제되는 문장은 영어든 국어든 문장 중에 '이항 대립(서로 반대되는 것이 짝을 이룸)'이나 '추상론에서 구체론' 등 정해진 패턴이 있다. 과목은 달라도 문장 독해 기술이 필요한 점은 다를 바 없었던 것이다. 과목을 초월한 전이의 좋은 예다. 전이를 잘 활용하면 학습의 가치를 월등히 높일 수 있다.

전이의 확장성

전이에는 엄청난 가능성이 숨어 있다.

'모델'과 '디자인'으로 전이를 해 보자.

먼저 모델부터 시작하겠다. 모델 전이의 구체적인 예로 '이과 실험과 기업의 업무개선'을 들어 보겠다. 이과 실험과 기업의 업무개선이라니…. 동떨어져 보이지만 대단히 재미있는 전이를 확인할 수 있을 것이다.

이과 실험에서는 일반적으로 '실험 계획(가설의 입안)→ 실험 실행→가설 검증→가설 수정'이라는 반복 과정을 밟는다. 그런데 어디선가 이 과정을 들어 본 적 없는가? 비즈니스에서 원활한 업무개선을 추진할 때 쓰는 PDCA사이클과 거의 같은 형태다. PDCA사이클이란 계획Plan→실행Do→평가Check→개선Action 네 가지 단어의 머리글자를 딴 업무개선 기법의 하나다.

이과 수업을 전이가 가능한 수준까지 깊이 이해한 사람은 사회인이 되어서도 PDCA사이클을 굳이 배우지 않아도 저절로 할 수 있을 것이다. 전이의 시점에서 보면 이과 실험도 비즈니스 업무개선도 같은 영역인 셈이다.

계속해서 디자인의 전이를 소개하겠다.

생물의 형태나 구조를 상품개발에 응용하는 기술인 자연모방기술은 디자인 전이의 구체적 예다. 자연모방기술은 생물의 구조나 기능 등을 디자인으로 전이해서 유지하는 기술로, 대표적 예가 일명 찍찍이라고 부르는 운동화의 벨크로 테이프다. 이 테이프는 도꼬마리 씨앗의 갈고리 모양을 디자인으로 전이해서 개발한 상품이다. 갈고리 모양으로 섬유를 만들고 그것을 끼울 수 있는 루프 모양의 섬유를 만들어 마주 붙인 것이다.

이와 같은 디자인 전이를 거친 발명품은 얼마든지 있다. 미끌미끌한 유리에 딱 달라붙을 수 있는 도마뱀붙이의 발

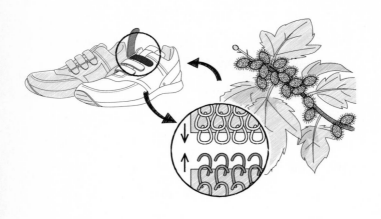

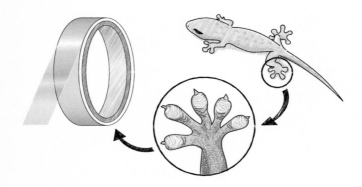

바닥 구조를 모방해 접착력이 뛰어난 테이프를 개발하기도 했다. 축제나 콘서트장에서 자주 볼 수 있는 펜라이트는 반딧불이가 빛나는 원리를 이용한 것이다.

이처럼 습득한 지식이나 이해한 정보를 잘 전이시키면 생각지도 못한 새로운 아이디어나 발상을 끊임없이 낳을 수 있다.

전이는 창조력 그 자체다. 전이를 일으키려면 어떤 설명 기술이 필요할까?

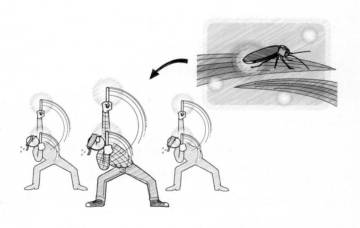

전이를 일으키는 설명

당신이 설명한 내용을 상대방이 전이할 수 있게 만들려면 설명하는 쪽이 일단 폭넓은 교양을 갖추고 있어야 한다. 특히 가치가 높은 '먼 전이'는 다른 영역에서 끌어오거나 다른 영역으로 옮겨가는 작업이 필요하다. 따라서 설명하는 쪽은 다른 영역의 지식도 잘 알고 있어야 한다.

만일 당신이 급히 설명에서 전이를 일으키고 싶다면, 즉시 효과를 볼 수 있는 한 가지 방법이 있다. 제4강에서 이야기한 '목적과 수단'의 시점에서, 피라미드 구조처럼 자신의 전문분야나 지금 하는 업무를 체계화하는 것이다.

자신의 전문분야나 업무를 체계화하는 데는 별로 시간이 걸리지 않는다. 특히 눈앞의 일은 구체성이 강해서 추상화하기에 좋다. 추상화해 놓으면 정보를 전이하기 쉬운 상태로 저장할 수 있다.

예를 들면, 입시학원 강사인 나의 일의 목적은 학생을 대학에 합격시키는 것이다. 합격시키기 위해 내가 할 수 있는 일은 화학 점수를 높이는 것이고, '그러기 위해서는' 알기 쉽게 설명해야 하며, 또 '그러기 위해서는' 바른 교수법을 익혀야 한다. 이처럼 '그러기 위해서는'이라는 목적을 상기하면서 피라미드 위로 오른다.

그리고 그 자리에서 추상화한 기술이나 노하우를 다른 영역으로 옮길 수 있는지 생각해 본다. 나의 경우, 오랜 세월 입시학원에서 익힌 '알기 쉬운 설명력'을 언어화해서 책이라는 형태로 전이할 수 있었다.

이런 작업을 거치다 보면 자신의 전문분야나 업무의 계

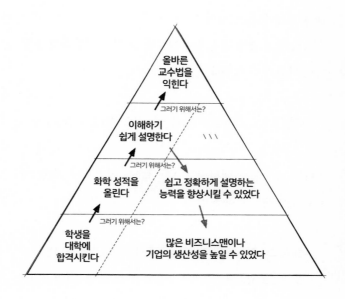

층 구조가 가시화되어 피라미드 안을 오가기 쉬워진다. 그 오가는 거리를 차츰 벌림으로써 전이의 가치를 높일 수 있다. 유사 영역이나 다른 영역에서도 비슷한 피라미드 구조를 세웠다면, 그때까지 쌓아온 당신의 기술과 노하우를 발휘해 피라미드를 왕래해 본다.

이런 과정을 반복하면 설명으로 전이를 일으키는 기술은 단기간에 향상한다. 당신 자신이 경험한 전이도 설명 안에 조금씩 넣어 설명하면 상대방도 차츰 전이의 이미지를 떠올릴 수 있을 것이다.

만일 설명 중에 명확하게 전이할 수 있는 상황을 발견했다면 다음과 같이 말해 본다.

그때 설명한 ○○의 개념은 사실 여기서도 적용할 수 있습니다.

나는 종종 강의에서 PDCA사이클을 예로 들어 실험 계획을 전이해서 말하곤 한다.

이런 식으로 가설에 입각한 실험 계획을 세우고 그것을 검증해 새로운 가설을 만들어 가는 화학 실험의 사이클은 여러분이 사회인이 되어서도 굉장히 자주 사용할 수 있습니다. 자신이 입안한 기획을 확실히 검증해 새로운 기획으로 이어질 수 있기 때문에 업무 개선에 큰 도움이 됩니다.

이처럼 설명하는 쪽이 어떠한 상황에서 전이를 쓸 수 있는지 구체적으로 말해 준다면 상대방은 더욱 쉽게 이해할 수 있을 것이다.

IKPOLET법은 실천지식과 이론지식의 결정체

제2강에서 제8강까지 IKPOLET법을 살펴보았다.

거듭 말하지만 상대방의 귀에 쏙쏙 박히는 쉽고 정확한 설명의 법칙은 분명 존재한다. 그 당연한 사실을 나는 수많은 학술 연구논문과 전문서를 섭렵하고 교육현장에서 실천해 보고서야 깨달았다. 더 일찍 알았더라면 하는 아쉬움도 있다.

하지만 몇 살이든 어떤 일을 하든 상대방의 귀를 쫑긋 세우는 쉽고 정확한 설명은 누구나 할 수 있다. 그리고 그 기술을 익히면 눈앞의 상대방은 점점 성장해 나갈 것이다. 그런 생각을 하면 설레지 않은가!

드디어 마지막 강의만 남았다. 더 높은 곳을 목표로 하는 분들이라면 꼭 귀 기울여 주기 바란다. 바로 '일 잘하는 사람의 궁극의 테크닉'을 다음 장에서 밝히겠다.

즉시 효력을 발휘하는 한마디

- 이 개념을 ○○에 적용하면….
- 그때 설명했던 ○○의 사고방식은 사실 여기에도 적용할 수 있습니다.

제 9 강

IKPOLET

일 잘하는 사람들의
궁극의 테크닉

프로는 어떻게 설명하는가?

이번 강의에서는 지적인 설명을 하는 사람들이 익힌 궁극의 말기술을 소개하겠다. 이 기술은 어려운 내용을 쉽고 정확하게 설명하는 이른바 베테랑 교사나 숙련된 프로 강사 등 가르치는 일을 업으로 하는 사람들이 익히고 발전시켜 온 것이다. 지금까지 제2~8강에 걸쳐 이야기한 IKPOLET법의 응용편으로 보면 된다.

궁극의 말기술 1　역방향 설계

궁극의 말기술 2　심리 장벽 부수기

궁극의 말기술 3　비유

이중에는 고도의 말기술을 요하거나 조금 과격한 것도 있지만, 하나라도 익힐 수 있다면 당신의 설명 능력은 일취월장할 것이다.

만일 스스로 궁극의 말기술을 닦기에는 역부족이라 생각한다면 IKPOLET법으로도 충분히 가치 있는 설명을 할 수 있으니 먼저 제8강까지의 말기술을 확실히 익히자.

IKPOLET법이 충분히 몸에 배었다고 생각되는 시점에 이 강의를 읽어 주기 바란다.

그럼 세 가지 궁극의 말기술을 차례대로 살펴보자.

궁극의 말기술 1 : 역방향 설계

쉽고 정확하게 설명하는 사람은 설명을 디자인하는 기술도 매우 뛰어나다. 디자인이란 무엇을 어떤 순서로 설명할지를 그린 설계도다.

'처음에 ○○를 이야기하고 다음에 ××를 말한 후에, 마지막은 이렇게 마무리한다.'

일 잘하는 사람은 이처럼 설명의 설계도를 잘 그린다.

설명을 잘 디자인하는 요령이 있지 않을까?

그 요령은 항상 목표점에서부터 역산을 해 디자인하는 것이다. "상대방이 어떻게 되었으면 좋겠는가?"라는 성과, 즉 설명 후의 목표점에서 역산해 설명을 설계하는 것이다. 이른바 '성과 초점형' 설명이다. 이것을 역방향 설계backward design라고 한다.

역방향 설계의 노하우는 미국 뉴저지주의 교육단체 '진정한 교육Authentic Education'의 대표 그랜트 위긴스와 메릴랜드평가연합 회장을 역임한 제이 맥타이에게서 힌트를 얻었다.

역방향 설계를 자세히 설명하면, 상대방이 익혔으면 하는 능력을 명확히 한 후 그것에서 역산해 설명할 내용이나 이야기할 순서를 정하는 것이다. 상대방을 깊이 이해시키고 그가 어떤 능력을 가장 잘 발휘할 수 있을지 예측해서 설명 과정을 설계해야 하기 때문에, 설명 전후에 어떤 것이 필요한지 철저히 생각하는 것이 중요하다. 그래야 상대방을 변화시킬 수 있다.

수험생을 지도한다면 학생이 문제를 잘 풀 수 있게 하는 것이 최우선이다. 학생은 '1지망 대학 합격'으로 보답할 것이다. 학생의 기뻐하는 모습을 보려면 알기 쉬운 설명으로 학생의 문제 풀이 능력을 반드시 향상시켜야 한다.

설명하는 쪽이 아무리 수준 높은 설명을 하더라도, 상대방의 머릿속에 새로운 지식 구조가 갖춰져 있지 않으면 설명의 가치는 사라진다. 상대방에게 '학습'이라는 이름의 '변화'를 일으켜야 진정 가치 있는 설명이다.

귀에 쏙쏙 박히는 쉬운 설명은 디자인에서 90%가 결정된다고 해도 과언이 아니다. 나머지 10%는 설명 중에 상대방에게 맞춰 임기응변으로 디자인을 변경하는 창조성이 요구된다. 유감스럽게도 창조성은 경험을 쌓지 않으면 배양되지 않는다.

교사교육학에서 '즉흥성'이라 부르기도 하는 창조성은 준비 없이 그 자리만 모면하면 된다는 사고방식으로는 절대 발생하지 않는다. 아무쪼록 설명할 때는 디자인에 유념하는 습관을 들이자.

궁극의 말기술 2 : 심리 장벽 부수기

조금만 훈련하면 금세 잘할 수 있을 거야.

이런 말을 들으면 왠지 조금만 더 하면 잘할 수 있겠다는 생각이 들지 않는가? 이처럼 심리적인 벽을 부수는 것을 '심리 장벽 부수기mental barrier break'라고 한다.

설명을 잘하는 사람은 상대방이 안고 있는 심리 장벽을 부

순다. 벽을 그대로 두고 설명하는 경우와 벽을 부순 다음에 설명하는 경우를 비교했을 때, 후자가 상대방의 반응이나 이 해도, 나아가 그 자리의 분위기까지 확연히 상승시켰다.

먼저 다음 두 가지를 시도해 보자.

① 심리 장벽을 낮춘다.
② 상대방을 부정하지 않는다.

심리 장벽을 낮추면 '나도 할 수 있다'는 생각이 든다. 이 를테면 상대방과 비슷한 환경에 처한 사람의 성공 사례를 제시하거나 작업 순서를 분할한다(이것을 스몰 스텝 원리라고 한다). 그러면 상대방의 심리 장벽이 확 낮아져 '할 수 있다' 는 의지가 싹튼다.

나는 도쿄대학교를 지망하는 학생들에게 이렇게 말하곤 한다.

작년에 도쿄대학교에 합격한 A군은 고3 초까지만 해도 공부를 전 혀 하지 않아서 4월 모의고사에서 5등급을 받았습니다. 하지만 그때부터 정신을 차리고, 지금부터 내가 여러분에게 전할 학습법으로 공부에 전념했죠. 그 결과 단번에 도쿄대학교에 합격했습니다. 그러니 지금 성적은 상관없습니다. 지금 성적으로는 합격할 수 없다는 고정관념은 버립시다.

이 이야기는 전혀 과장이 아니다. 실제로 바른 학습법으로 적절한 교재를 사용해 필요한 학습 시간을 확보하면 성적은 반드시 오른다. 전략을 갖고 접근하면 도쿄대학교에도 충분히 합격할 수 있다. 지금까지 나의 학생들이 그 사실을 증명했다.

이런 이야기를 하면 처음에는 자신 없어 하던 학생들도 '나도 도쿄대학교에 합격할 수 있어!'라는 의지를 갖고 이어질 설명을 긍정적으로 받아들인다.

다음은 '② 상대방을 부정하지 않는다'를 시도해 보자.

즉, "네 생각은 틀렸어", "이런 것도 모르면 큰일 나" 등등 상대방을 부정하는 말은 되도록 하지 않는 것이다. 특히 당신과 상대방과의 신뢰성이 아직 확고하지 않은 상태라면 더 그렇다. 어설픈 경계심이나 거부감을 설명 전에 심어서 전혀 득 될 게 없다. 물론 설명하는 사람의 성향이나 상황에 따라 달라지겠지만, 그래도 자신을 부정당하면서까지 설명을 듣고 좋아할 사람은 없다.

예전에 학생들의 수업 앙케트에서 '설교는 정말 짜증난다', '본인의 생각을 지나치게 강요한다', '선생님 말씀이 과격해서 정신적으로 힘들다' 등등의 심한 코멘트를 받은 적 있다. 나는 그럴 의도가 아니었지만, 설명이란 상대방이 어떻게 받아들이느냐에 따라 가치가 정해진다.

그 경험을 교훈 삼아 나는 학생들의 심리 장벽을 부수기 위해 한마디 한마디를 되돌아보며 조금씩 바꿔 나갔다. 이를테면 "네 생각은 틀렸어"는 "네 생각도 일리가 있지만"으로 바꾸고, "이런 것도 모르면 큰일 나"는 "모르면 지금부터 알면 돼"로 바꿨다. 이런 세심한 배려로 상대방의 자기긍정감을 지켜줄 수 있다.

궁극의 말기술 3 : 비유

나는 비유를 터득한 사람은 세상 대부분을 이해한 사람이라고 생각한다.

비유는 이해도를 가속도로 높이는 비장의 무기다. 비유를 사용하는 능력(이하 비유력)이야말로 쉽고 정확하게 설명하는 법 중에 가장 뛰어난 기술이라고 할 수 있다.

실제로 설명을 잘하는 사람은 모두 비유력이 뛰어나다. 일전에 컨설팅회사 링크앤모티베이션 대표인 오자사 요시히사 씨의 강연을 들었다. '모티베이션 엔지니어링'이라는 내게는 익숙하지 않은 주제였는데, '모티베이션 특성의 공격과 수비', '조직의 혈류', '추상의 사다리' 등 수많은 비유로 매우 알기 쉽게 설명해서 감명 깊게 강연을 들었다.

비유란 본래 알기 쉽게 설명하기 위해 비슷한 예나 형용 표현을 써서 표현하는 방식이다. 난이도가 높은 내용을 확실히 이해시키기 위한 강력한 무기라고 할 수 있다.

비유 자체는 학술적으로 연구될 만큼 중요한 테마다. 이 책에서는 비유를 나의 경험상 매우 효과가 뛰어났던 말하기 노하우로 설명하겠다.

말기술을 확실히 익히기 위해 이 책에서는 비유를 '비유'와 '비교'로 나눠 설명하겠다. 본래 이 둘은 완전히 분리할 수 없지만, 이해를 최우선으로 하고자 둘로 나눴다.

비유

이 책에서 말하는 비유란 문학작품에서 흔히 쓰이는 예술적 표현이 아니다. 어디까지나 설명하는 내용을 깊이 이해시키기 위한 말기술이다. 내가 자주 사용하는 비유 기술은 다음 두 가지다.

① 상대방이 높은 확률로 알고 있는 지식을 이용한 비유
② 의인화

이 책에서 비유란 쉽게 말하면 '다른 세계에서 빌려 오는 것'이다. 여기서 다른 세계란 상대방이 알고 있는 세계다.

비유의 목적은 상대방이 머릿속에 그림을 그릴 수 있게 하는 것이다. 사람은 전혀 알지 못하는 것으로는 이미지를 떠올릴 수 없다. 따라서 비유는 상대방이 이미 가진 지식이나 이해 범위 내에서 사용해야 한다.

여기서 핵심은 새로운 정보(지식)를 확실히 이해시키려면 상대방을 프로파일해서 그가 이미 가진 지식이나 이해도 레벨을 파악해야 한다는 것이다. 하지만 프로파일이 뜻대로 안 되거나 여러 명을 대상으로 할 때는 기술이 필요하다.

그럼 두 가지 비유 기술을 구체적으로 이야기해 보자.

①의 비유를 할 때 내가 많이 사용하는 것은 동물과 스포츠다. 웬만큼 희귀동물을 사용하지 않는 한, 동물과 스포츠는 세계 어디에서나 사용할 수 있는 비유의 보고다.

화학에 자주 등장하는 황산을 예로 들어 보자. 황산이 얼마나 강력한지 설명하는 상황을 떠올려 보자.

황산은 동물의 세계로 말하자면 '사자'다.

이렇게 표현하면 황산의 강력함을 떠올릴 수 있지 않을까? 산 중에서는 황산이 거의 최강이라는 것을 알 수 있다.

일본의 사업가 사토 가쓰아키가 쓴 베스트셀러『MONEY 2.0』의 서두에는 돈을 파악하는 방법의 변천사를 야구와 축구로 비유한다. 나 역시 화학 강의를 할 때 다음과 같이 슬쩍 스포츠 비유를 넣고는 했다.

질량보존의 법칙과 질량작용의 법칙은 양쪽 모두 질량과 법칙이 명칭에 들어 있지만, 야구와 축구만큼이나 다르다. 야구와 축구는 모두 공을 사용하지만 규칙은 전혀 다르다. 마찬가지로 명칭이 비숫하다 해서 그 법칙의 내용이 비슷하리라는 생각은 버려야 한다.

이어서 ②번 의인화다. 의인화의 뛰어난 점은 상대방의 머릿속에 영상과 스토리를 동시에 떠오르게 할 수 있다는 점이다. 나의 대학 시절 연구 주제였던 '산소'를 설명해 보겠다. 산소는 우리가 흔히 사용하는 단어다. 사실 우리 몸에서 일어나는 화학반응은 대부분 산소의 지배를 받는다고 해도 과언이 아니다.

사람의 생명 활동은 산소에 의한 반응으로 유지된다. 그리고 산소의 반응은 대부분 몇 단계로 나뉘어 진행되는데, 그때 반응 속도는 율속단계rate determining step(가장 느린 속도의 반응단계)로 결정된다. 이렇게 설명해도 아마 대부분의 사람들은 율속단계를 잘 이해하지 못할 것이다. 이때 의인화로 율속단계의 의미를 쉽게 설명할 수 있다.

설명 예

여러분이 아버지, 어머니, 할머니 이렇게 넷이서 산책할 때 가족의 산책 속도는 할머니가 걷는 걸음에 맞춰지죠? 이때 할머니의 걸음 속도가 바로 율속단계입니다.

의인화의 뛰어난 점은 스토리성이 높다는 것이다. 스토리성 덕분에 장기기억의 에피소드기억으로 남기 쉽다.

비유를 설명에 넣을 때는 '하나의 콘텐츠에 하나의 비유'를 넣는 것을 원칙으로 한다. 비유가 너무 많으면 오히려 혼란을 초래할 수 있다.

한번은 학생들에게 황산, 식초에 든 초산, 위산의 주성분인 염산 등 몇몇 산의 강도를 서열로 나눠 비유를 들어 설명한 적 있다. 만화 『드래곤볼』(사이어인의 전투력)과 게임 드래곤퀘스트(몬스터 레벨), 아이돌 그룹 BTS(빌보드 차트) 이렇게 세 가지 비유를 마구 집어넣었다. 많은 학생들을 이해시키려고 다양한 비유를 넣었는데, 이해하는 학생만 이해하고 오히려 다른 학생들의 머릿속을 복잡하게 만들어 실패하고 말았다. 대부분의 학생이 아는 한 가지 비유를 넣은 설명이 결과적으로 훨씬 머릿속에 쏙쏙 박힌다. 이해시키고 싶은 내용은 반드시 한 가지 비유로 압축해서 넣도록 하자.

나는 화학 공부를 처음 시작하는 학생에게는 이렇게 설명한다.

화학이란, 작은 입자끼리 만나고 헤어지는 '러브스토리'입니다.

이 역시 의인화다. 본인은 상투적이라고 생각하는 표현이라도 상대방은 의외로 좋아하면서 잘 이해한다.

비교

마지막으로 비교에 대해 알아보자. 비교는 세 가지 레벨로 나눠 살펴보겠다.

레벨 1 - 기본편

비교를 이용한 설명의 기본 바탕에는 '사람'이라는 기준 대상이 있다. 사람이 없다면 이해하기 힘들다. 예를 들어, 책의 무게를 놓고 "이 책은 가벼워서 갖고 다니기 편하다"고 설명해도 어느 정도 가벼운지는 연령이나 성별에 따라 다르다. 어른에게는 가벼워도 아이에게는 무거울 수 있다.

사람은 절대絕對보다 상대相對를 더 잘 이해한다. 상대란 '이 책은 사전보다 가볍지만 만화책보다는 무겁다'와 같이 무언가와 비교하는 사고방식이다. 상대는 무언가와 비교할 때 비로소 이해할 수 있다. 따라서 설명 중에 기준치를 제시할 필요가 있다.

수치를 써서 "이 책의 무게는 250g이다"라는 설명도 가능하지만, 그보다 '사실상의 표준치de facto standard'를 이용하는 쪽이 설명에서는 더 효과적이다.

이를테면 지금 여러분이 읽고 있는 이 책의 표준치는 아마 단행본이나 문고판일 것이다. 따라서 다음과 같이 설명하면 수치를 사용하지 않고 이 책의 무게를 떠올릴 수 있다.

이 책은 하드커버 단행본보다 가볍지만, 문고판보다는 무겁다.

무엇보다 상대방이 알기 쉬운 표준치를 사용해 비교하는 것이 중요하다.

표준치를 사용해 수치를 떠올리게 하는 방법도 있다.

일본의 LGBT(lesbian, gay, bisexual, transgender 각각의 영어 머리글자에서 따온 성소수자의 총칭) 비율은 일본 총인구의 약 7.6%로, 이 수치는 AB형인 사람의 비율과 거의 같다고 비유해 보자. "일본인의 약 13명 중에 1명이 LGBT다"라는 설명보다 AB형인 사람의 비율을 표준치로 사용해 설명하면 LGBT의 수가 많다는 점을 더 직관적으로 떠올리기 쉬워진다.

'특례'를 설명할 때도 마찬가지다. 이때는 먼저 "보통은…"이라고 말한 후 설명을 이어 가면 특례를 두드러져 보이게 할 수 있다.

출판 업계를 예로 들어 보자. 내가 몸담고 있는 참고서 분야에서는 4,000부 정도가 판매되면 '보통'이고, 1만 부 이상 팔리면 베스트셀러라고 한다. 그래서 참고서가 10만 부 팔리면 엄청난 베스트셀러에 오른다. 단, 10만 부는 참고서 분야에서는 특별한 부수이지만, 잡지 분야에서는 흔한 부수다. 즉, 이 세계에서는 이것이 '보통'임을 전하지 않으면 '특례'에 대한 감각이 둔해진다.

레벨 2 - 표준편: 규모감각 변경

다음은 규모감각을 바꿔 설명하는 기술이다.

여기서 말하는 규모감각 변경이란, 설명하려는 대상의 길이·무게·시간 등을 상대방이 이해하기 쉬운 규모로 변경해 설명하는 방식이다.

규모감각을 바꿀 때는 '사이즈 다운'과 '사이즈 업' 두 가지 기술이 있다. 사이즈 다운은 '압축'과 '분할'로, 사이즈 업

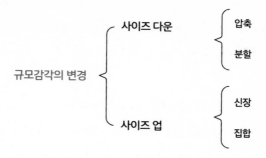

은 '신장'과 '집합'으로 또 나뉜다.

먼저 사이즈 다운의 압축壓縮부터 살펴보자.

『세계가 만일 100명의 마을이라면』은 세계 인구 63억 명 (당시 기준)을 100명으로 압축한 가상의 마을을 통해서 세계의 현상을 알기 쉽게 풀어 쓴 책이다.

마을 인구 100명 중 '30명이 어린이고 70명이 어른인데 그중 7명이 노인'이라고 가정해 보자. 이것을 실제 수치인 63억으로 바꿔 '19억 명이 어린이고 44억 명이 어른인데 그중 4억 4,000명이 노인'이라고 설명하면 아무래도 감이 잡히지 않는다.

'억 명' 단위는 감이 오지 않지만, 100명으로 압축하면 쉽게 떠올려서 이해할 수 있다. 퍼센트%로도 확인할 수 있다는 점에서 100명으로 압축한 이유가 있을 것이다.

이어서 사이즈 다운의 분할分割을 살펴보자.

방송에서 면적을 설명할 때 자주 등장하는 사례가 도쿄돔이다. 진부한 표현이지만 이 책에서도 사용해 보겠다.

이곳은 도쿄돔 ○개에 해당하는 넓이입니다.

넓은 면적을 실제 면적으로 설명하는 방식보다 이쪽이 크기가 얼마나 넓은지 훨씬 가늠하기 쉽다.

다음은 도쿄돔 하나의 면적(약 0.047km²)을 표준치로 둔 설명이다. 설명하려는 장소의 면적이 10km²라고 할 경우, 그 넓이를 떠올릴 수 있게 10÷0.047로 계산한다. 계산 결과, 도쿄돔을 약 200개(정확히는 213개) 합친 넓이라는 것을 파악할 수 있다.

실제 도쿄돔의 면적을 알지 못해도 도쿄돔이 대략 그 정도 넓이임을 떠올릴 수 있다면 표준치로써 충분한 역할을

했다고 할 수 있다.

이처럼 '매크로macro(큰 것)'에서 '마이크로micro(작은 것)'로 분할하면 누구나 알기 쉬운 설명이 된다.

이미지를 떠올리기 어려운 큰 수치(매크로)는 무언가(표준치)로 나눠 작은 수치(마이크로)로 분할하는 습관을 갖는 것이 중요하다.

그러려면 도쿄돔을 표준치로 사용했던 것처럼 설명하는 내용마다 표준치를 마련하는 게 좋다.

어마어마하게 긴 거리라면 지구 한 바퀴(약 4만 km)가 표준치가 되고, 무게라면 성인 남성 한 명(약 65kg)이 익숙한 표준치가 된다. 당신의 전문분야를 설명하는 데 가교가 되어 줄 표준치를 확실히 찾아 놓자.

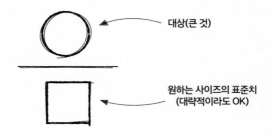

대상(큰 것)

원하는 사이즈의 표준치
(대략적이라도 OK)

다음은 사이즈 업의 신장伸長이다.

신장은 작고 익숙하지 않은 것을 설명할 때 효과적이다. 나는 평소 화학 강의에서 원자나 분자 같은 아주 작은 입자를 다루기 때문에 원자나 분자를 탁구공이나 야구공 크기로 늘려서 설명할 때가 많다.

예를 들어, 원자를 구성하는 입자인 원자핵과 전자를 설명할 때는 이렇게 말한다.

원자핵 주위를 전자가 돌 때 원자핵과 전자 사이의 거리감은 도쿄돔 중심에 유리구슬을 두고 도쿄돔 주위를 전자가 도는 느낌입니다. 즉, 원자는 속이 텅 빈 구조입니다.

이처럼 아주 작은 것(원자)을 늘려 익숙한 크기(유리구슬)로 바꿔 설명하면, 상대방은 머릿속에서 그 거리감이 어느 정도인지 떠올리기 쉽다.

신장은 꽤 효과적인 사용법이므로 좀 더 구체적인 예를 들어 보겠다. '개미의 힘은 얼마나 셀까?'를 주제로 설명하는 경우다.

사실 곤충 중에서도 개미는 매우 흥미로운 생태를 갖

고 있다. 내가 개미에 흥미를 느낀 것은 다섯 살 무렵이었다. 집 근처에서 개미 행렬을 한참 동안 바라봤던 기억이 난다. '어디까지 가는 걸까?'

'왜 저렇게 줄지어 갈까?'

그런 생각을 하면서 개미 행렬을 뚫어지게 바라보고 있는데, 개미 한 마리가 자기  몸집의 몇 배나 되는 큰 먹이를 옮기고 있는 게 아닌가! '우와. 개미는 정말 힘이 세구나' 하고 진심으로 감탄했던 기억이 지금도 생생하다.

　만일 개미가 실제로 사람만큼 크다면 대체 어느 정도의 힘일까? 개미의 엄청난 힘을 이렇게 설명한다면 어떨까?

투구벌레는 자기 체중의 20배 이상을 끌 수 있어요. 개미도 그와 비슷한 정도의 힘을 갖고 있습니다.

투구벌레가 곤충 중에 가장 힘이 세다고 해도 역시 사람과는 비교가 되지 않는다. 다시 말해, 개미의 엄청난 힘을 이해하려면 개미와 크기가 엇비슷한 곤충류끼리 비교해서는 잘 이해되지 않는다. 마이크로 대상을 마이크로 세계의 크기 그대로 비교하면 크게 와닿지 않기 때문이다.

이것을 단번에 해결하는 비장의 무기가 바로 '사이즈 업'이다. 모든 것을 사람 크기로 늘려서 비교하는 것이다.

예를 들어, 체중이 5mg인 개미가 자기 체중의 20배나 되는 무게의 각설탕 0.1g(5mg×20배=100mg=0.1g)을 끌 수 있

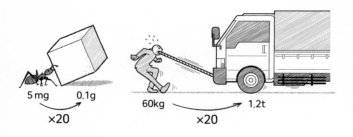

다고 하자. 이것을 체중 60kg의 성인 남성으로 변환하면 1.2t(60kg×20배=1,200kg=1.2t)의 무게를 옮긴다는 계산이 나온다.

즉, "체중 5mg의 개미가 0.1g의 각설탕을 운반하는 힘은, 체중 60kg의 남성이 1.2t의 트럭을 끄는 힘과 같은 정도의 힘이다"라는 설명이 가능하다.

물론 초등학생은 1.2t의 트럭이 어느 정도인지 감이 잘 오지 않을 것이다. 이때는 "슈퍼나 편의점에서 파는 2L 페트병(2kg)을 600병 끄는 힘"이라고 설명하면 이미지가 쉽게 떠오른다.

엄밀히 말하면 중력 때문에 개미와 사람의 힘 크기를 단순 비교할 수는 없다. 하지만 여기서 중요한 것은 대상(개

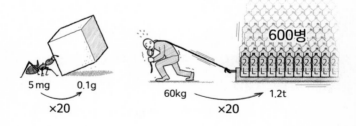

미)의 크기를 사람의 크기로 늘린다면 누구나 이해하기 쉬운 구체적인 설명을 할 수 있다는 사실임을 잊지 말자.

마지막은 사이즈 업의 집합集合이다.

집합은 '매크로→마이크로'의 '분할'과는 정반대로 '마이크로→매크로'로 정리해서 이미지하기 쉽게 만든다.

쉽게 설명하는 사람은 마이크로한 내용을 상대방에게 확실히 이해시키려고 할 때 매크로로 정리해서 이야기하는 특징이 있다. 혹은 확실히 이해시키고자 하는 매크로를 디자인한 후에 마이크로로 접근하기도 한다. 경제학이 좋은 예다.

나도 독학으로 경제학을 공부했다. 공부하면서 느낀 점은 마이크로 경제학(미시경제학)을 이해하는 것만으로는 매크로 경제학(거시경제학)을 깊이 이해할 수 없다는 것이다.

마이크로의 집합체가 매크로이므로, 마이크로를 이해하면 매크로도 충분히 이해할 수 있으리라 생각했지만 역시 다른 시점이 필요했다. 마이크로 경제만으로는 예측할 수 없는 매크로 경제가 존재한다.

사실 화학의 세계도 비슷하다. 작은 입자 하나하나가 뭉

처 큰 덩어리가 되었을 때 입자 하나로는 예측할 수 없는 수많은 일이 벌어진다. 예를 들면, 이산화탄소 분자가 모여 드라이아이스가 되지만 드라이아이스의 성질은 탄소 분자 하나만 바라봐서는 이해할 수 없는 것 투성이다.

이처럼 표면상의 이해만으로는 마이크로가 모여 매크로가 되었을 때 어떤 일이 일어날지 예측할 수 없다. 개인(마이크로)과 집단(매크로)을 다른 시점으로 이해하거나 해석해야 하는 인간사회처럼, 마이크로가 매크로가 되었을 때는 이해의 관점이 달라지기도 한다. 그런 점을 적절히 설명에 섞는다.

레벨 3 - 응용편: 축의 변경

드디어 마지막 비교 표현인 '축의 변경'에 다다랐다.

이 책에서 말하는 축이란, 설명을 하는 데 있어 착안점의 역할을 한다. 축과 레벨 2의 규모감각을 동시에 변경해 설명하면 상대방은 더 깊이 있는 이해에 도달할 수 있다.

축의 변경을 자유자재로 구사할 수 있다면 아무리 어려운 내용이어도, 설령 상대방의 지식이 부족하더라도 거의 90%는 확실히 이해시킬 수 있다. 축과 규모감각을 바꾸면 상대방이 이해할 수 있는 범위 내에서만 설명할 수 있기 때문이다.

먼저 축과 규모감각의 변경 메커니즘을 이야기하겠다. 아래 그림은 내가 만든 '설명표현 매트릭스'다.

가로축이 설명할 대상(물질 혹은 정신)이고, 세로축이 설명의 단면(양 혹은 질)이다. 설명을 할 때는 이 설명표현 매트릭스를 머리에 떠올리면서 표현 방법을 정한다.

설명표현 매트릭스를 사용해 화학을 설명해 보자. 화학을 싫어하는 분도 잘 이해할 수 있으면 좋겠다.

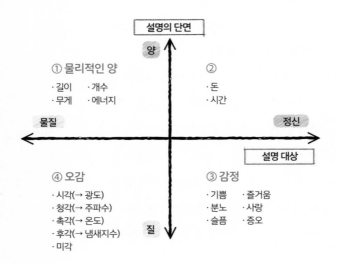

화학 단위 몰mol(화합물의 분자량을 그램수로 나타낸 물질의 질량 단위)을 확실히 이해시키려면 다음 순서로 설명한다.

[순서 1] 축을 결정한다.

→ 설명 대상은 '몰'이며 이것은 물질의 '개수'에 관한 개념이다(사분면 ①부터 설명 시작).

[순서 2] 규모감각을 선택한다. 필요에 따라 축을 옮겨 다른 사분면으로 연결한다.

→ 이미지가 그려지지 않으면 다른 개념으로 설명한다.

이 순서에 따르면 몰에 관해 다음 세 가지 설명이 가능하다.

[패턴 1] 규모감각만 변경(압축)

사분면(①)의 '개수'의 개념은 그대로 두고, 일상에서 사용하는 규모감각으로 '압축'해 설명한다.

[설명 1]

'1다스=12개'와 같이 '다스'는 개수의 묶음을 나타낸다. 마찬가지로 '1몰=6×10²³개'와 같이 '몰'도 '개수'의 묶음을 나타낸다.

사분면(①)의 '개수'의 개념 그대로 입자의 규모감각을 늘린다(원자→쌀알). 거리를 사이즈 다운으로 '분할'해 같은 사분면(①)의 '길이' 개념으로 설명한다.

[설명 2]

'1몰=6×10²³개'를 이미지로 연상하기는 어렵다.

그렇다면 1몰(=6×10²³)의 쌀알을 지면부터 차곡차곡 쌓으면 어디까지 닿을지 생각해 보자.

지구에서 태양까지의 거리(1억 4,960만 km)를 한 번 왕복한다고 가정했을 때, 그 왕복 거리를 쌀알의 직경(5mm)을 사용해 계산해 본다.

지면부터 쌀알을 차곡차곡 쌓아 태양까지 이르렀다가 다시 돌아온다고 가정했을 때, 계산상으로 약 100억 번 왕복할 수 있다(211쪽 계산식 참고). 이 계산으로 1몰=6×10²³개가 어마어마한 크기임을 떠올릴 수 있다.

덧붙여 우리 주변의 물질은 1억분의 1cm 정도의 크기밖에 안 되는 원자나 분자로 만들어졌다. 즉, 우리 주변의 물질은 방대한 수의 원자나 분자로 가득 차 있다고 할 수 있다.

예를 들면, 100g 정도의 철제 컵에는 약 $1×10^{24}$개의 철 원자가 들어 있다. 이대로 철 원자수를 생각하는 것은 무척 성가시니 약 2몰의 철 원자가 들어 있다고 생각하는 편이 낫다. 즉, 원자나 분자 등의 입자를 다루는 화학에서는 $6×10^{23}$ 정도 되는 크기의 '묶음'이 최적이다.

계산식

지구와 태양을 한 번 왕복할 때의 거리는

$149,600,000×2=299,200,000km=299,200,000,000m$

$=299,200,000,000,000mm$

약 $3×10^{14}mm$다.

또, 1몰($6×10^{23}$개)의 쌀알(직경 5mm)의 길이 합계는

$6×10^{23}×5mm=3×10^{24}mm$

따라서 이 수의 쌀알로 지구와 태양을 왕복할 수 있는 횟수는

$3×10^{24}÷(3×10^{14})=1×10^{10}$번

(약 10,000,000,000번 왕복)

[패턴 3] 축과 규모감각 양쪽을 변경

입자 크기의 규모감각을 바꾸고(원자를 고기만두로), 축을 '시간' 개념으로 옮긴다(사분면 ①에서 ②로 이동).

[설명 3]

1몰의 고기만두를 먹는다고 상상해 보자. 6×10^{23}개의 고기만두를 먹는 데 어느 정도의 시간이 걸릴까?

한 사람이 1분에 1개의 고기만두를 먹을 수 있고, 수면시간 8시간을 제외하고 하루 16시간 계속 먹는다고 가정하자. 세계 총인구 60억 명이 1분에 1개의 고기만두를 16시간 동안 먹는다고 한다면 1몰의 고기만두를 전부 먹는 데 얼마의 시간이 걸릴까?

계산 결과는 대략 3억 년이다(213쪽 계산식 참조). 그 정도로 1몰은 어마어마하게 큰 수의 묶음이다.

3억 년이라는 수의 이미지를 떠올리기 어렵다는 이유로 '인구 1조 명'이라는 비현실적인 수치를 사용해 계산하면 오히려 혼란을 초래할 수 있다. 따라서 규모감각을 변경할 때는 현실에 존재하는 수치를 선택하는 편이 무난하다(지구가 탄생한 지 약 45억 년이라고 하니 3억 년 자체는 현실에 존재하는 수이지만 감이 잘 안 온다. 여기서는 어마어마하게 큰 수치라는 것만 이해하면 된다).

또한, '비교'를 사용한 설명에서는 어디까지나 똑같은 사분면(이번 경우에는 사분면 ①)에서 규모감각을 바꾸는 것이 기본이다. 이 기술이 어느 정도 몸에 익었다면 축의 변경, 즉 다른 사분면으로 옮겨 설명하는 것에 도전하자. 익숙하지 않은데 축과 규모감각을 단번에 바꾸려고 하면 설명하는 사람의 머리가 혼란스러워질 수 있다.

계산식

16시간=960분이므로 1명당 하루에 먹을 수 있는 고기만두의 개수는 960개.

그리고 1년=365일이므로 1명당 1년간 먹을 수 있는 고기만두의 개수는 960×365=350,400개(약 35만 개)

거기에 60억 명=6,000,000,000명이 1년간 먹을 수 있는 고기만두의 개수는

350,400×6,000,000,000≒2×10^{15}개

1몰=6×10^{23}이므로, 6×10^{23}개의 고기만두를 다 먹는데 걸리는 햇수는

6×10^{23}÷(2×10^{15})=3×10^{8}년(약 300,000,000년)

마지막으로 다른 사분면으로 옮겨 설명하는 기술의 곤란한 점을 두 가지 전하겠다.

첫 번째는 이해의 깊이가 얕다는 점이다. 상대방을 깊이 이해시키지 못하고 끝나 버리는 단점이 있다.

예를 들면, 금은 동광석의 연소와 전기분해로 얻을 수 있는데 가고시마 현에서 난 동광석 1t에서는 약 30g의 금을 얻을 수 있다.

금 1g당 5천 원이라고 했을 때 "동광석 1t에는 15만 원 상당의 금이 들어 있다"고 설명해도 '그렇구나!' 정도로 끝나 버리고 더 이해할 필요성을 느끼지 못한다.

금 투자가에게는 솔깃한 설명일지 몰라도, 금이라는 축으로 변경하고 사분면으로 나누면서까지 설명할 필요가 있을지는 상대방에 따라 생각해 볼 문제다.

두 번째 곤란한 점은 다른 사분면으로 옮겨서 설명하는 기술은 유추적 사고의 요소를 포함하고 있어 상대방의 감각과는 동떨어진 설명이 될 가능성이 크다는 것이다. 서툴면 오히려 혼란을 야기한다.

예를 들어, 앞에 등장한 '몰' 설명도 이해하기 어렵다는 독자가 있을 것이다. 그것은 독자 탓이 아니라 내 설명력의 한계이기도 하다.

앞의 설명 3은 원자나 분자라는 작은 입자와 고기만두가 비슷한 종류의 둥근 형태인 것에 착안해 비유했다. 즉 상대방이 이 비유를 이해할 수 있다는 전제 아래에 있을 수 있는 설명이다. 전제를 공유할 수 없다면 그것으로 끝이다.

이런 위험을 낮추는 방법이 하나 있기는 하다. 쉽고 정확하게 설명하는 법 2단계 'Knowledge: 상대방의 수준을 파악한다'에서 이야기한 대로 상대방을 철저히 프로파일하는 것이다. 비유 표현은 프로파일로 상대방의 정보를 모을수록 한층 정밀도를 높일 수 있다. 즉, 상대방과의 감각 차이를 최소한으로 제어할 수 있다.

프로파일로 얻은 상대방의 수준이나 속성 등에 맞춰 최적의 비유로 설명하면 보다 알기 쉬운 설명이 된다. 고기만두라는 존재를 상대방이 알고 있고 분자나 원자라는 작은 입자를 고기만두에 투영할 수 있는지 확인하는 작업이 필요하다.

마지막으로 설명표현 매트릭스를 사용할 때 유의할 점을 말하고 싶다.

가로축(설명 대상)을 세로로 옮기거나(예를 들면 사분면 ① →④), 정반대쪽 사분면으로 옮겨(예를 들면 사분면 ①→③)

설명하려고 하면 이미지를 떠올리기 어려워진다. 축의 이동은 상대방의 이미지화 능력에 크게 좌우되기 때문이다.

따라서 축의 이동은 세로축(설명의 단면)은 바꾸지 않고 가로로만 옮겨 설명하는 것이 좋다. 예를 들어 사분면 ① 의 '개수'에서 ②의 '돈'으로 축을 변경시킨 경우를 생각해보자. 앞의 '1몰'을 예로 설명하겠다.

[설명 4]

1몰 원이 있다고 하자(단위가 두 개씩 이어지는 경우는 원래 없지만, 편의상 1몰 원=6×10^{23}원이라고 하자). 국가 예산을 대략 600조 원(=6×10^{14}원)으로 설정한 경우,

$$6\times10^{23}\div(6\times10^{14})=1\times10^{9}(년)$$

이 계산으로 1몰 원은 10억 년 분의 국가 예산을 조달할 수 있음을 알 수 있다. 1몰이란 어마어마한 숫자라고 생각되지 않는가.

이처럼 일 잘하는 사람은 적절한 비유를 사용해 설명에 깊이를 더한다.

부록

IKPOLET법 노트

주제(이해시키려는 내용)와 목적		무엇을 어느 수준까지 이해시키고 싶은가?
Step 1	흥미를 끈다 (Interest)	이해시켰을 때의 메리트는? 이해시키지 못했을 때의 리스크는?
Step 2	상대방의 수준을 파악한다 (Knowledge)	상대방이 이미 알고 있는 것은?
Step 3	목적을 제시한다 (Purpose)	이해시키려는 목적은? 그러기 위한 수단은?
Step 4	큰 틀을 제시한다 (Outline)	전체상은? 진척 상황은?
Step 5	연결한다 (Link)	인과관계는? 정리하면? 주변 지식은?
Step 6	구체적인 사례와 증거를 제시한다 (Embodiment, Example, Evidence)	구체적으로는? 사례나 증거는?
Step 7	전이한다 (Transfer)	어디에 사용할 수 있을까?

맺는 글

"선생님, 드디어 이해했어요."

학생들이 이해했다고 말하는 순간 보이는 환한 웃음은 세상 그 무엇과도 바꿀 수 없다.

나는 반 학생들의 표정이 모두 환한 웃음으로 바뀌는 감격스러웠던 경험을 몇 번이나 했다. 가르치는 일을 해서 정말 보람 있었다고 생각했던 순간이다.

'제대로 이해시킨다는 게 이렇게 기쁜 일이구나!'

그 감동이 나의 원동력이자 이 책을 집필하게 된 계기다. 그렇기에 이 책의 목적은 상대방이 어려워하는 내용을 알기 쉽게 설명하는 법칙을 익히는 데 있다.

교육부 '학습 지도 요령'에도 나오지만, 앞으로의 시대는 특히 창조력이 필요하다. 나는 창조력을 '가치를 창조하는 힘'이라고 해석한다. 린다 그래튼과 앤드루 스콧이 함께 지은 책 『100세 인생』에도 나오듯, 앞으로의 시대는 자본주의에서 '가치주의'로 옮겨 갈 것이다.

창조력을 익히면 기존의 콘셉트에 부가가치를 부여하거나 전혀 새로운 콘셉트나 콘텐츠를 낳아 지금까지 없었던 가치를 창출할 수 있다.

페이스북은 '커뮤니케이션'이라는 추상 개념에 기존 SNS에서 한 발 더 나아간 '계속해서 이어진다'는 부가가치를 부여했다. 구글은 '검색'이라는 추상 개념에서 빅데이터를 수집하고 그것을 바탕으로 인공지능을 탑재한 자율주행차를 개발 중이다. 도요타와 구글이 같은 땅에서 싸우는 시대가 온 것이다. 다음 세대는 이런 창조력을 가진 기업이 세계를 움직일 것이다.

개인도 다르지 않다. 스타 크리에이터는 유튜브라는 플랫폼에서 개인이 부가가치를 부여한 영상 콘텐츠로 시청률을 올려 광고 수입을 얻고 있다. 방송에 출연하는 연예인이나 텔레비전 광고보다도 영향력이 크다. 10년 전만 해도 유튜버는 상상조차 할 수 없던 직업이었다.

가치창조는 인공지능도 할 수 없는 일이다. 그런 가치창조를 당신의 설명으로 실현할 수 있다. 당신의 설명이 상대방을 깊이 이해시키고, 상대방은 또 다른 사람을 깊이 이해시킨다. 지知의 연쇄작용이다. 각자 다른 사람의 배경과 화학반응을 일으켜 계속해서 새로운 가치를 낳는 것이다.

설레지 않는가? 요즘 같은 디지털시대에 꽤나 아날로그 발상이라고 생각하는 사람도 있을 테다. 하지만 나는 그래서 더 높은 가치가 생겨난다고 믿는다.

가치창조 시대에 가치를 낳기 위한 창조력을 키우려면, 머리 구석구석까지 침투하는 학습이 반드시 필요하다. 이런 학습은 사람과 사람과의 커뮤니케이션 안에서 생겨난다. 실제 대화로 이어질지는 논외로 하더라도, 말과 문자에 의해 학습이 촉진된다.

그리고 이런 창조적 학습으로 이끄는 커뮤니케이션 기술이 이 책의 주제이기도 한 '쉽고 정확하게 설명하는 법'이다. 모르는 것을 알게 하는 설명 기술에는 무한한 가치가 있다. 그런 설명 기술을 갖춘 사람이 가치를 창출할 수 있는 시대로 이미 넘어가고 있다.

'시작하는 글'에서도 말했지만, 2017년에 나는 오랜 시간 몸담았던 입시학원 일선에서 물러났다. 현재는 자신의 말이 상대방에게 전해지지 않는다는 이유로 좌절하는 사람이나 가치창조를 포기한 사람이 없는 세상을 위해 비즈니스맨을 대상으로 퍼스널 밸류(자기 가치)를 높이는 세미나와 컨설팅을 운영하고 있다.

상대방이 어떤 일에 종사하든 몇 살이든, 커뮤니케이션 기술로 그의 설명 능력이 성장하는 모습을 곁에서 눈으로 볼 수 있다는 것은 매우 기쁜 일이다.

더불어 지도자나 교사의 설명 능력이 향상된다면 교육계 전반에 좋은 일이라고 확신한다. 나는 '교육에서의 가치창조야말로 나라를 더 튼튼하게 한다'고 진심으로 믿고 있다. 공교육에 종사하는 사람뿐 아니라, 지식과 정보를 전하는 일에 종사하는 모든 사람이 그 가능성을 품고 있다. 이 책을 읽는 당신도 그중 한 사람이다. 그런 분들에게 그리고 교육계 전체에 이 책이 조금이나마 공헌할 수 있다면 저자로서 더할 나위 없는 기쁨일 것이다.

마지막으로 감사 인사를 드리고 싶은 분이 있다.

이 책을 출간하면서 많은 분들에게 신세를 졌다. PHP연구소 기나미 유지 씨와 에리에스북컨설팅 도이 에이지 씨에게는 이 책의 집필 기회와 다양한 아이디어를 얻었다. 진심으로 감사하다.

친구 오하시 히로토, 스즈키 겐타로 그리고 아내 아야카에게는 독자의 시점에서 많은 의견을 구하며 집필하는 데 큰 도움을 받았다. 감사드린다.

그리고 항상 아낌없는 응원을 보내주시는 후쿠오카의 부모님, 사이타마의 장인 장모님, 할머님께 진심으로 감사드린다. 오래도록 함께해 주셨으면 좋겠다.

마지막으로 이 책을 손에 쥔 당신에게.

기껏해야 '설명'이지만 그 앞에는 더 큰 가치가 있다. 당신이 전하고자 하는 것을 상대방의 귀에 쏙쏙 박히게 하는 설명은 당신과 상대방을 이어 줄 것이다. 나아가 당신의 가능성이 점점 넓어져 당신과 상대방은 사회에서 계속해서 이어져 나갈 것이다.

이것은 SNS로 이어지는 것과는 차원이 다르다. 이어졌을 때의 감각은 글로는 다할 수 없을 만큼 기쁘고 뿌듯하다. 당신도 그런 체험을 꼭 한 번 해 보기를 염원하는 마음으로 끝까지 펜을 들 수 있었다. 마지막까지 읽어 주셔서 진심으로 감사를 드린다.

이제 당신의 설명으로 상대방을 이해시켜 더 큰 가치를 창출하기 바란다.

2018년 3월 유시마텐만궁이 보이는 서재에서
이누쓰카 마사시

옮긴이 장은주

일본어 전문번역가. 활자의 매력에 이끌려 번역의 길로 들어섰다. 옮긴 책으로 『혼자 있
는 시간의 힘』, 『잠담이 능력이다』, 『스물아홉 생일, 1년 후 죽기로 결심했다』, 『불필요한
것과 헤어지기』, 『고독이라는 무기』, 『취향을 설계하는 곳, 츠타야』, 『놀 줄 아는 그들의
반격』, 『3일 만에 끝내는 말공부』 등이 있다.

일 잘하는 사람은 알기 쉽게 말한다

1판 1쇄 발행 2019년 12월 9일
1판 3쇄 발행 2020년 7월 10일

발행인 박명곤
사업총괄 박지성
기획편집 임여진, 이은빈
디자인 구경표, 한승주
마케팅 김민지, 유진선, 이호
재무 김영은
펴낸곳 (주)현대지성
출판등록 제406-2014-000124호
전화 070-7791-2136 **팩스** 031-944-9820
주소 경기도 파주시 회동길 37-20
홈페이지 www.hdjisung.com **이메일** main@hdjisung.com
제작처 영신사 월드페이퍼

ⓒ 현대지성 2019

※ 이 책은 저작권법에 따라 보호받는 저작물이므로 무단 전재와 복제를 금합니다.
※ 잘못 만들어진 책은 구입하신 서점에서 교환해드립니다.

"지성과 감성을 채워주는 책"
현대지성은 여러분의 의견 하나하나를 소중히 받고 있습니다.
원고 투고, 오탈자 제보, 제휴 제안은 main@hdjisung.com으로 보내 주세요.